U0033148

歡迎光臨「R・E・A・D活動」！

我是黃金獵犬來福，今天你要念什麼書給我聽呢？

每週星期六下午一點。

很多孩子來到鹽湖城的中央圖書館，
來唸書給狗狗聽。

奧莉維亞，
我們永遠會記得你。

奧莉維亞，正因爲有你，所以現在很多孩子能跟狗狗一起享受讀書之樂。

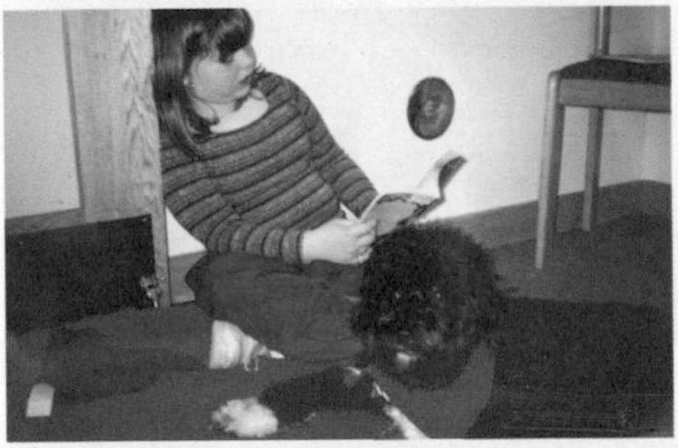

動物物語系列 ③

聽你唸書的狗狗

介護犬オリビア

世界第一隻閱讀犬

今西乃子/著 濱田一男/攝影 謝晴/譯

晨星出版

推薦序

獸醫師暨訓練師祁偉廉

筆者參與工作犬訓練計畫已經有十多年的經歷，這些年拜訪許多國家，看過不少「犬」爲「人」工作的項目；也爲了在大學「工作犬」課程的教學，廣蒐網路知識及已發表的論文。相關訊息都顯示科學雖然非常先進，但動物仍有超越科技的能力，尤其是在精神的層面上。

工作犬的種類包括拉雪橇、護衛、協助和偵測，然而居家陪伴主人的伴侶犬，也有經過訓練擔任撫慰心靈的項目，這些毛孩子會被帶去看望老人或陪伴病童。一如本書中所提及的──老人和病童們身心有著不安、恐懼、焦慮、疼痛、迷惘等煎熬，雖然沒辦法替代他們承受這些感覺，但能使其舒緩一些總是件好事。而特效藥只有一個，那就是「笑容」，狗兒的出現最能帶來微笑。

「閱讀教育輔助犬」是心靈慰藉功能的項目之一，2010年春天，佛光山加拿大籍的妙明法師有鑑於美國有「閱讀犬」的服務，希望在台灣也能推動，故與本人聯繫。

當時，許多學生志工帶著乖巧溫馴的犬隻，嘗試性的在佛光山文化廣場試辦「動物菩薩」，讓小朋友唸故事書或英文書給狗聽，以增加閱讀能力或英文學習的效果。在那裡，許多小朋友自動爭取唸書給狗聽的機會；還有家長表示孩子一直想與狗接觸，可是家中環境不適合養狗，能有機會唸書給狗聽也算滿足孩子的心願，那位小朋友一口氣讀了兩本，還拍照留念才心滿意足地離開。

2012年在屏東的育英國小、崇文國小和潮州國小也相繼推動這項有意義的計畫。2015年屏東縣教育局與屏東大學更積極擴大投入，相信日後會有更多學校或圖書館會參加。

美國人在執行此計畫時有個聰明的小撇步，他們告訴小朋友，狗只會聽不會讀，隨後便拿出寫著「come」的牌子給狗看，狗當然沒有反應，然而當說出

「come」口令時，狗就搖尾巴走過來，用此證明狗看不懂，卻聽得懂。對一般的小朋友來說，他們常常被家長或老師要求多讀書的立場，透過「閱讀犬活動」轉變成爲具有服務他人的精神。這種巧妙的立場轉變，會是日後在社會面對弱勢族群時，重要的態度表現。對於特殊的小朋友，無論自閉或過動的行爲傾向，也藉由毛絨絨可愛的狗，在持續閱讀、勇敢地讀出聲音方面，都有良好的轉變。

當年我憑著一股熱忱推動「閱讀犬」，也曾在網頁上參考R.E.A.D的資訊，但是並沒有深入瞭解美國人的計畫是如何開始的。透過這本《聽你唸書的狗狗》，讓我們更能瞭解最初提案此構想的珊蒂女士的用心，書中介紹從動物收容所領養的葡萄牙水獵犬——奧莉維亞，不僅與珊蒂之間具備深厚的信賴關係，而且也樂於傾聽小朋友唸書。在服務期間讓許多原本排斥閱讀的小朋友，有了大幅度的改變，其中最明顯的應該是「尙」，這從奧莉維亞過世後的追思信中表露無遺。本書既知性又感性，愛狗人士或想讓愛犬服務別人的毛孩子拔痲們，閱讀之後必會有更多啓發。對於從事特殊教育的老師們能有多元化的方策。

目錄

書中出現的狗狗和人物介紹

奧莉維亞

世界第一隻閱讀犬。

在動物收容所與珊蒂相遇、被救出，成爲治療犬。

珊蒂

創造出R・E・A・D活動的護士。很喜歡狗，對動物輔助治療很感興趣。

凱西

珊蒂的朋友，帶著秋田犬阿清一起參加R・E・A・D活動。

薩爾達

珊蒂在奧莉維亞過世後飼養的狗，現在也擔任閱讀犬。

艾比

幼兒期有輕微聽力障礙的小學生，因爲被祖母海倫強迫看書，所以非常討厭閱讀。

查克里

珊蒂的朋友羅莉的孫子，是非常討厭閱讀的小學生。

里斯、尚、艾普利

皆爲貝里昂小學的學生，是第一屆R・E・A・D活動的參加者。

蘭斯

貝里昂小學教師，最認同珊蒂的人。

序章　星期六的圖書館

二〇〇五年冬天，在美國鹽湖城的中央圖書館。

那位女士留著褐色俐落短髮、穿著大紅色上衣的女士，拖著行李箱，來到圖書館地下室的兒童區。

說得含蓄點，她的體型略微豐滿，顯得行李箱小得有點滑稽。那位女士面帶微笑，才剛跟櫃檯工作人員打完招呼，附近的小孩立刻全跑過來。

「珊蒂來了！薩爾達來了！」

在此同時，一隻捲毛中型犬從那位女士龐大身軀的後方出現。牠看著孩子們，用力地搖尾巴。

「薩爾達！我們等你等好久喔！」

孩子們抱起名為薩爾達的小狗，用臉頰摩蹭牠。

「薩爾達毛茸茸的，好軟！」

「好香喔！」

那位女士面帶溫柔笑容看著那些孩子。

「因為今天要來看大家，薩爾達才剛洗好澡，還有刷牙喔。」

「我也有刷牙，也有洗澡！因為今天要跟薩爾達見面啊。」

「我也是！我今天要念這本書給薩爾達聽。」

「薩爾達也很期待大家今天要說的故事。來，我們去那邊吧。」

那位女士帶著微笑拉著薩爾達的狗鍊，順著地上鋪設著的，充滿色彩鮮豔的狗腳印毛毯走，走到一個角落。

她的後頭跟著一群孩子，一個接著一個，每個人都抱著自己選的書和繪本。

有的是讓媽媽抱著的小小孩，也有小學一年級、二年級的小孩。

每個星期六下午一點到三點，許多孩子來到這間圖書館，就為了唸書給狗狗聽。這些狗狗是由數隻登記為「閱讀犬」的狗，依據狗的狀況和志工飼主的時間，輪流來到圖書館參加活動。行程是事前就安排好的，所以只要詢問圖書館人員，就能知道當天是哪一隻狗來參加活動。當然也有不少孩子知道喜歡的狗是哪一天參加活動，而特地前來的。

看到排成一長串的孩子，就知道薩爾達多麼地受歡迎。

大家都坐在一旁乖乖地等著輪到自己唸書，每一個人有二十分鐘，可以依據喜好唸書給薩爾達聽，每個孩子都期盼著輪到自己。

有的孩子邊摸薩爾達邊朗讀書；有的孩子把頭靠在薩爾達身上，仰躺著唸書；也有的孩子雙手抱著薩爾達，就像媽媽抱著孩子一樣，邊看著薩爾達的臉邊唸書。

沒有任何制式規定。只有一個原則，就是孩子要挑選自己想讀的書，或想讀給狗狗聽的書，然後唸書給狗狗聽。

對年幼的孩子來說，二十分鐘不算太短，多虧了這個「安靜聆聽的對象」，也就是狗狗，時間一眨眼就過去了。

就這樣，第一個孩子念完了，第二個孩子念完了，換第三個孩子打開書本。

外頭下著細雪，因為孩子溫熱的體溫和暖氣，薩爾達像是有點熱地伸出舌頭吐著氣。

那位女士的額頭也微微冒著汗。

她拿出手帕擦拭額頭的汗，趁第三個孩子念完書後，向大家宣布休息。

一位圖書館管理員看到這種情況，來到那位女士身旁，說：「薩爾達跟奧莉維亞很像呢，孩子們都很開心。」

「是啊，跟奧莉維亞相比，薩爾達毫不遜色，是優秀的閱讀犬。」

女士邊說邊輕撫薩爾達的頭。

薩爾達一臉愉快地抬頭看著女士。

「早上我在整理繪本時，在書架找到這本書……突然很想念奧莉維亞。」

圖書館管理員遞給女士的書，是名為《狗狗天堂》（辛西亞・勞倫特著）的繪本。

那位女士接過那本繪本，只打開封面。

「已經快五年了。」

那位女士將視線移往下著雪的窗外，自言自語般地呢喃。

「珊蒂，因為有妳和奧莉維亞，這裡才能充滿孩子的笑臉和笑聲。對我們這些在圖書館工作的大人和那些孩子們而言，奧莉維亞都是不可或缺的存在。」

「雖然跟奧莉維亞只相處了短短三年，但發生了好多事情啊。」

「珊蒂，以後還要繼續麻煩妳囉。」

像是沒聽到圖書館管理員的聲音般，那位女士就這樣呆呆地凝望著窗外下個沒停的雪。

「珊蒂，珊蒂？妳在聽嗎？」

薩爾達搖著尾巴，仰望著那位女士。

「珊蒂？」

那位女士這次聽到了圖書館管理員的聲音，快速回頭，滿面笑容地說。

「我絕對不會忘了奧莉維亞。奧莉維亞……對我而言牠是隻特別的狗！」

她聽到一旁孩子們的叫喚。

「珊蒂，快點帶薩爾達過來！」

女士朝著孩子回答「ＯＫ！」，將繪本還給圖書館管理員後，便帶著薩爾達一起回到孩子們等待的角落。

第一章

相遇

1 鹽湖城 動物收容所

一九九八年五月，鹽湖城動物收容所幼犬室的五十四號籠子。

那隻小狗坐在方型的水盆裡。

牠的屁股泡在半盆高的水裡，但牠卻像是毫不在意的樣子。

這樣不冷嗎？牠一臉呆呆的樣子，不算高挺的鼻子探出柵欄縫隙，發出三次「嗚嗚嗚」的撒嬌聲。

牠全身幾乎都是黑色的毛，但胸口一帶和腳的下半部夾雜著白毛。

「咦？這隻小狗的毛好捲啊。」

珊蒂．馬丁微笑地看著小狗。

「哎呀，你這身捲毛……還真捲啊。」

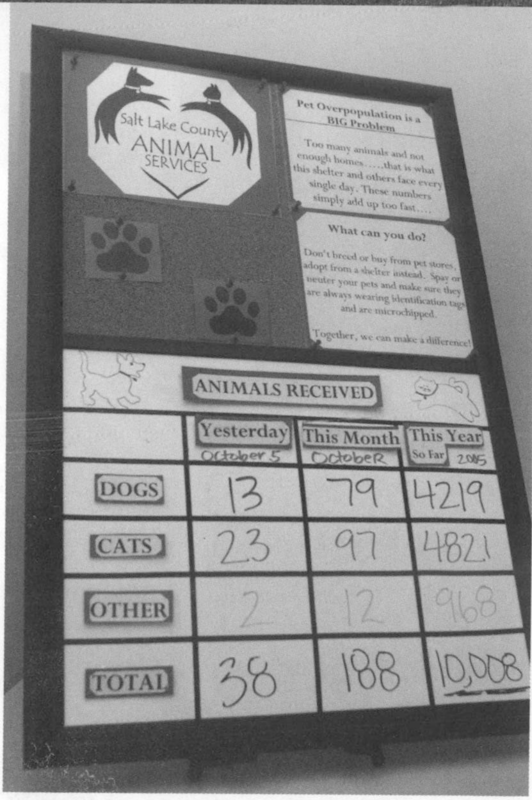

鹽湖城動物收容所的看板。光是昨天一天送進收容所的就有十三隻狗和二十三隻貓。

珊蒂驚訝地左右搖頭說，然後看著旁邊籠子裡的另外兩隻小狗。

「這隻是鬆軟的直毛。嗯，那隻是漂亮的捲毛……這隻是超級捲毛，怎麼看都不像是三兄弟啊。」

珊蒂慢慢地走著，環視其他籠子後，再次停在五十四號籠子前。

「呵呵呵，你的毛真的好捲啊。而且你為什麼坐在水盆裡？會熱嗎？現在才五月耶！從街上看到的山，開滿了鬱金香、番紅花、紫丁香和罌粟喔。這個時期還沒辦法散步呢。要是能快點找到願意收養你的主人就好了。」珊蒂滿臉笑容地看著小狗圓滾滾的眼睛說。

這裡是美國猶他州的首府鹽湖城，二〇〇二年舉辦冬季奧運的城市，是擁有世界第一雪質的滑雪勝地。

不過，珊蒂對滑雪和打雪球都不感興趣，比起能進行冬季運動的季節，她覺得能盡情享受兜風和野餐的季節還比較吸引她。

「對不起喔！要照顧小狗太費事了，我一個人住，所以沒辦法養你。」

珊蒂說完後，便向小狗揮揮手，走出了幼犬室。

這個月來，珊蒂已經是第三次來到這間動物收容所。

動物收容所是照顧野狗、野貓，或是飼主因為某些原因而無法再飼養的貓狗，在找到新飼主前，暫時收留、飼養牠們的地方。全美國約有超過一千個動物收容所，近年來數量仍不斷增加。鹽湖城的這間動物收容所是在一九九一年成立的，屬於中型規模。

收容所裡收留了數十隻成犬，其中八成是純種狗。那些狗應該都是以高價向專業繁殖者（專門繁殖貓狗的人）購買來的。但因為人類的一時心血來潮和自私，這些狗最後還是被送到這裡來了。

不知道這些狗清不清楚自己現在的狀況，牠們看到來到收容所的人，都會拚命地搖尾巴，走到柵欄前靠過來。

收容所的衛生狀況非常好，幾乎沒有動物特有的臭味。每次珊蒂來到這裡，不僅能感受到工作人員的愛和真誠，還會對那些隨意丟棄狗的自私人類感到憤怒不已。

珊蒂是帶著明確目標來尋找想收養的狗，才來到這個動物收容所。

大家是否聽過「動物輔助治療」這個名詞？

從事多年護士工作的珊蒂，現在在猶他州立大學附屬醫院的「志工服務」單位工作。

這個單位專門在地區醫院和社會福利機構裡，以創造能讓病人安心的環境為目標而推展志工活動。

而珊蒂最想要推行的志工活動則是「動物輔助治療」。

「動物輔助治療」主要分為兩大類。

一種是動物協助治療，簡稱AAT（Animal Assisted Therapy），屬於醫療的一環，由具備專業知識的醫生、護士、動物飼主等志工協助進行。實際以病患為對象，以復健等具體治療為目標，有計畫地進行。

另一種是動物輔助活動，簡稱AAA（Animal Assisted Activity），其形式為受過訓練的動物在醫院和機構進行活動。是藉由與動物接觸，使人獲得療癒，主要目的在減輕病患的壓力。

嚴格來說，珊蒂想要領養的是如後者般，能從事動物輔助活動的狗。

因為護士這個工作，讓珊蒂比別人更瞭解為病所苦的患者心理，而且她也相信自己是誠心誠意地從事看護工作。

但是，身為人類的自己，只能治療看得到的傷口和疾病，因為疾病而封閉內心的人們，其內心的黑暗比想像中還要深沉且幽暗。

即使竭盡誠意，但人類能做的還是有限。可是人類沒辦法做到的事，狗卻一定能做到。

珊蒂從幾年前就對動物醫療很感興趣，也在醫療機構和社會福利機構倡導引進治療犬。

而且她也積極地採取行動，當她得知非營利組織（NPO）和ITA（Intermountain Therapy Animals）有治療犬活動時，珊蒂也加入那些團體努力推展治療犬活動。

珊蒂在從事多年的ITA活動後，開始想從動物收容所收養一隻狗，訓練成治療犬，從自己工作的醫院開始，再擴及其他機構。對從小就喜歡動物的珊蒂而言，培訓一隻治療犬是她長久以來的夢想。

她想邊做護士工作，邊以志工方式，帶著狗從事醫療活動。這是崇高的志向，而且搞不好還會很有趣。但是對於獨居的珊蒂而言，醫院工作與養狗來做志工活動，兩者很難兼顧。

首先，她常離家工作一整天，實在稱不上是好飼主。常把狗丟在家裡，會使狗精神緊張，便無法從事志工活動。

再加上，自己養的狗作為治療犬，帶去參加志工活動，就必須非常留意狗的衛生狀況。還有醫療費、修剪狗毛和基礎美容保養（洗澡和剪爪子等保持清潔）也得花不少錢。而且，為了前往志工活動地點，車子要夠大，才放得進狗籠。

珊蒂決定要做到以上條件，並創造出不會讓狗狗精神緊張的環境後，才能養狗。

然而，珊蒂覺得時候到了。

她的住家離工作的醫院很近，她一天裡能回家數次，看看狗的狀況。

而且她家還有能讓狗放鬆的院子。

她也買了一台能裝得下兩個大型犬狗籠的休旅車。

珊蒂擁有護士資格，光靠工作收入就能細心飼養、照料狗狗。她也有些存款以備不時之需。而且最重要的是，她認為她無法讓患者打開心房，但她養的狗或許能做到。

所以珊蒂為了尋找這寶貴且能成為治療犬的伙伴，而來到這裡。

在她多次造訪動物收容所後，她看上其中一隻成犬的母狗。

「還是這隻好了。」

這隻狗是大小適中的母狗，身上是黑白毛夾雜的直毛，非常漂亮。

來領養狗的人多半喜歡幼犬，不過珊蒂不打算領養幼犬。因為養育幼犬要費很多心思，她得工作，又一個人住，那樣的負擔過大。

「嘿，過來。」

聽到她的聲音，那隻母狗毫不膽怯地搖著尾巴靠近。

珊蒂一伸出手，牠便發出撒嬌聲，還舔她的手。

雖然有點太活潑，不過個性挺溫和，不會太膽小也不怕生。

看起來似乎滿符合治療犬的條件。

好，就決定領養牠了。

珊蒂吃力地伸直彎著的腰，環顧四周。

在這間動物收容所，一旦決定了想領養的狗，為了確認狗的個性和自己是否真的合得來，會在其他房間裡直接碰面。

「不好意思！」

珊蒂呼喊經過她數公尺前的動物收容所人員。

那位工作人員似乎沒有聽到珊蒂的聲音，而走進珊蒂才去過的幼犬室。

珊蒂環顧動物收容所，沒有看到其他的工作人員。

無可奈何之下，珊蒂只好走去找那位工作人員。於是她再次走進了幼犬室。

五十二號籠子、五十三號籠子，然後是五十四號籠子……

那隻小狗依然坐在水盆裡。

圓滾滾的眼珠在波浪狀捲毛中骨碌碌地轉，卻突然定住，眼睛眨都不眨地直視著珊蒂。

「嗨，又碰面了，捲毛狗。」

珊蒂說，原本就在裡面的工作人員笑了。

「這隻狗是什麼品種？」

聽到珊蒂的問題，工作人員回答：「是混種。」

「牠的毛好捲喔，而且是隻奇怪的狗，從剛剛就一直坐在水盆裡。」

「這隻小狗差不多四個月大，是女生。」

「唔，牠的毛這麼捲，是混到什麼品種？嘿，你是從哪兒來的啊？是被棄養的嗎？真是個奇怪的孩子……」珊蒂一邊嘆氣一邊對小狗說話。

「牠已經待在這裡很久了，一直找不到領養人。」

「原來如此，這個月我已經來第三次了，不過今天是第一次走進幼犬室。」

「妳比較想要領養成犬，而不要幼犬嗎？」工作人員問。

「我想要個性沉穩、不怕生的狗，想讓牠當治療犬。之前我看上的一隻狗在那邊的房間裡，我好不容易下定決心，叫了妳，不過妳好像沒聽到，所以為了找妳，我才到幼犬室來！拜這所賜，我今天第二次進入幼犬室。」珊蒂半開玩笑地說，還對工作人員眨了個眼。

「在這裡如果不大聲說話，就根本聽不到，真的很抱歉。請問你想要幾號的狗呢？」

「等妳做完這邊的工作再說，我在這裡等妳。」

珊蒂為了打發時間，再次走到五十四號籠子前。珊蒂跟牠說話時，小狗一直盯著她，完全沒有移開目光。個性穩定、不怕生。

看起來這隻幼犬也具備成為治療犬的特質。牠似乎滿喜歡水的，常將身體的某一部分泡在水盆裡。

旁邊的工作人員正在清理五十三號籠子裡的幼犬糞便，打掃得非常乾淨。

珊蒂來回看著打掃的工作人員與五十四號小狗，然後對工作人員說：「我當護士很久了，也常參加醫療機關、社福機構和學校等各式各樣的志工活動，所以才想要養一隻治療犬，一起參加志工活動。我已經來看過好幾次了，今天好不容易下定決心。」

「原來如此，那麼——」

工作人員打掃完後，關上五十三號籠門，以略帶哀傷的表情看著珊蒂，然後接近五十四號籠子，表情複雜地在籠子上掛了一個金屬板。

「本動物收容所的收容期限將至！近日會將此幼犬安樂死。」

「讓妳久等了，我這邊的工作已經做完。妳想要哪一隻狗呢？就算只有一隻也好，我希望許多狗都能找到很棒的領養人。我們走吧。」

珊蒂茫然的看著那塊板子。

而小狗也突然將牠胖胖的前腳伸到柵欄間，像是要留住珊蒂般，發出「嗚嗚嗚」的撒嬌聲。牠的大眼睛一直盯著珊蒂。

珊蒂呆站在那裡，回頭看著小狗。

「妳想要領養幾號的狗呢？」工作人員打開幼犬室的門，詢問珊蒂。

「五十四號……」

「什麼？」

「五十四號。」

「咦……成犬沒有五十四號的籠子……」

「這一隻。請將這隻狗帶出籠子，我想要再好好看一下。」珊蒂指著五十四號籠子說。

「嗯。可是妳不是比較想要成犬嗎？」工作人員一臉不解地看著珊蒂。

「我現在改變主意了，請幫我帶出這隻捲毛的小女生，麻煩妳了。」

工作人員沉默了一會兒，小聲地笑了，看著珊蒂。

「我知道了。那我將牠帶到另一個房間，請好好看一下牠是否真的適合當妳的家人。」

長年在動物收容所工作的工作人員似乎很瞭解珊蒂的想法。

她放心地嘆了一口氣，拿下五十四號柵欄上的「安樂死告示牌」。黑色捲毛裡的那對圓滾滾的大眼睛緊盯著珊蒂。

「就決定是你了。這一定是注定好的。」

小狗因為坐在水盆裡，所以屁股是冷的。珊蒂緊緊抱住一小時前才剛遇到、柔軟又毛茸茸的小狗。

在這個籠子裡，奧莉維亞坐在水盆裡。

2 治療犬 奧莉維亞

珊蒂替小狗取名為奧莉維亞，在珊蒂的疼愛下，牠慢慢長大。

「果真如大家說的『人如其名』。」

長大的奧莉維亞已經沒辦法坐在水盆裡了。

但是，牠還是一如往昔地要將身體的一部分泡在水裡。

珊蒂愛憐地看著一年裡重了二十公斤的奧莉維亞，大大地嘆了口氣。

「狗如其名」——

原本以為奧莉維亞是混種狗，但其實牠是純種的「葡萄牙水獵犬」。這是珊蒂帶奧莉維亞去動物醫院健康檢查時，獸醫告訴她的。

葡萄牙水獵犬是葡萄牙原產的狗，身上的毛與貴賓狗一樣都是捲毛，還很擅長游泳。

愛狗的珊蒂倒是第一次知道這種狗。

原來如此，所以奧莉維亞才會從幼犬時，就常泡在水盆裡。

珊蒂回想起當時，抱著全身覆蓋著黑亮捲毛的奧莉維亞。

「奧莉維亞，媽媽今天不用上班，上午我們可以很悠閒。不過下午得去醫院做輔助治療，那是你的工作喔。我們一起好好玩吧。」

珊蒂說完，走進臥房旁的工作室，按下電腦電源。

「好，現在來看看有什麼電子郵件……」

在她拉開工作椅的瞬間，房間裡堆得像座小山的繪本在珊蒂的腳邊崩塌。

「啊，真是的。我什麼時候才能變成房間整理高手。」

奧莉維亞聽到聲響，快步跑來，正要跑進工作室。

「奧莉維亞，不行！這裡沒地方可以站了，你待在那裡就好。」

奧莉維亞趴在門前。

「嗯……真乖。我整理一下就跟你玩喔。馬上就好了。」

話雖如此，但要收拾堆積在房裡的書可不容易。因為所有書櫃都塞滿書，根本無法整理。

唯一的空位就是地板了。

「看來如果不處理掉一些，是沒辦法整理了。」

珊蒂拿起堆在地板上的書，開始讀了起來。

那些幾乎全是繪本。

「這本書留下來……這本也不能丟……這本也要留。」

沒有一本書想丟掉。

珊蒂從小就喜歡書，特別是繪本，即使已經長大了，要是在圖書館看到喜歡的繪本，她便會在網路書店和實體書店購買。

因為她常常去圖書館，也認識不少在圖書館工作的朋友，所以她很清楚新書資訊。

蒐集繪本可說是珊蒂的興趣，書中主角是狗與動物的，更是占了一大半。

珊蒂從地板上撿起一本又一本的繪本，看得入迷。

「……這一本好感人，能撫慰失去寵物的人。這本狗狗的圖畫最有趣了！這本雖然主角是狗，但每一頁都有貓耶，這一本……」

每一本都是珊蒂的珍藏。

「不行！」

珊蒂突然大叫，完全打消想把堆積如山的繪本處理掉的想法。

與其丟掉繪本，她寧可在沒得落腳的房裡打電腦。

她念頭一轉，在最愛的繪本包圍下工作，工作效率還比較好。

珊蒂直接坐下，拿出被埋在底下、很久沒看的繪本，開始閱讀。

不知道過了多久——

珊蒂聽到奧莉維亞「嗚嗚」的叫聲，才回過神來。

奧莉維亞一直坐在門前，看著珊蒂。

珊蒂看了時鐘後，嚇了一跳。她在這個房間裡待了整整兩個小時！

已經到了要去醫院做輔助治療的時間。

珊蒂趕忙推開書，弄出一條通道，到寵物房準備出門要帶的東西。

「奧莉維亞，對不起喔！我們要快一點了，還有，謝謝你叫我喔！」

珊蒂親了奧莉維亞一下，將要去參加輔助治療需要的紅色項圈掛在奧莉維亞的脖子上。

這個項圈是珊蒂參加輔助治療活動所屬的非營利組織團體ＩＴＡ提供。被認定為治療犬的狗才會拿到，也可說是ＩＴＡ的認證。

珊蒂在自家的書櫃前。

更進一步說，在得到ITA認定成為治療犬前，必須先通過三角洲協會的動物伙伴測驗。

三角洲協會是國際性非營利組織團體之一，其服務宗旨是透過動物陪伴活動與動物治療活動，使人們更健康。在非營利組織團體中，這個單位最值得信賴與最具權威性。

動物伙伴測驗有技術測驗與性格測驗兩個項目，兩項都必須通過測驗，才能拿到動物伙伴狗的認證。

狗與人類一樣，天生就有各種不同的個性，即使接受所有的訓練課程，也不是所有狗都能夠成為治療犬。

例如太活潑、很喜歡和人類與狗玩耍的狗，很適合參加敏捷障礙賽，卻不適合當治療犬。

所以珊蒂才會在動物收容所裡一直觀察狗的性格。

奧莉維亞還是幼犬時便有些我行我素，也不會玩得太瘋，很快便能接受指令，牠充分具備了治療犬該有的特質。而且牠從幼犬時便與珊蒂一起去上幼犬訓練課程，陸續通過各種能成為治療犬的測驗。

只有在要去做輔助治療時，珊蒂才會替牠繫上ITA的紅色項圈，對奧莉維亞來說這就是「要工作了」的信號。

珊蒂替牠繫上項圈後，奧莉維亞開心地搖尾巴，一溜煙跑到玄關門前。

牠非常期待去做輔助治療。

這也是狗能從事輔助治療活動不可或缺的條件。

如果只有人們得到慰藉，對狗來說是壓力，那就不能算是理想的輔助治療活動。為了能長久持續進行輔助治療活動，除了人們因此恢復精神，狗兒也要樂在其中，這一點是非常重要的。

還有一點容易被忽視，那就是狗與飼主之間具備信賴關係，動物治療活動才能開始。

ＩＴＡ規定，治療犬與飼主必須一起參與志工活動，由別人帶著治療犬來參加輔助治療活動是絕對不行的。因為狗兒待在牠最信任的飼主身邊，才能將承受的壓力降到最低，狗兒也才能保持安心、穩定的狀況。

對進行治療活動的狗兒來說，穩定是最重要、最必要的條件。如果動物的伙伴（飼主）一起參與，動物輔助治療活動才能發揮出最大、最好的成效。

ＩＴＡ與珊蒂所策畫的動物治療活動，受過訓練的狗與志工飼主是絕佳的組合。珊蒂自己參加治療活動志工時，也會穿上有ＩＴＡ標誌的紅色上衣。

奧莉維亞開心地跑進車子裡的狗籠，然後立刻趴下來看著珊蒂。

「好乖，來，給你獎勵。」

珊蒂給奧莉維亞牠最愛的點心，摸摸牠的頭後關上籠子，驅車前往她工作的猶他州立大學附屬醫院。

奧莉維亞和其他治療犬要去的地方，是等候治療與看診的病人聚集的候診大廳、病房、有許多因生病或受傷而行動不便人士的復健室等。

「好，奧莉維亞，我們先去候診大廳喔。」

大廳裡有許多病人，全都一臉憂鬱，目光低垂。也有人正在看雜誌和報紙。

珊蒂在入口處偷偷觀察裡頭的狀況。不安、恐懼、焦慮、疼痛、迷惘——雖然沒辦法替病人承受重擔，但能使他們舒緩些的特效藥只有一個。

那就是「笑容」。而且人們看到狗兒時一定會微笑——

「來吧，奧莉維亞，要工作囉。」

「午安，珊蒂、奧莉維亞。」

珊蒂聽到親切、精神飽滿的聲音，回過頭去看。

「午安，凱西、阿清！」

叫住她的是ＩＴＡ的志工伙伴凱西・馬可奈魯迪。曾在日本住過多年的凱西很喜歡大型日本犬。她的伙伴是五歲的秋田公犬，名為阿清。

阿清也通過三角洲協會的動物伙伴測驗，是得到ＩＴＡ認證的治療犬。

「我們才剛到呢！」

在許多登錄志工裡，凱西是珊蒂最親近的好朋友。

「我們剛去病房繞了一圈回來，阿清去喝個水、在外頭稍微散個步後，就會去大廳了。」

「好的。阿清，今天天氣很好，好好散步喔！」

聽到珊蒂說的話，阿清用力地擺動秋田犬特有、被毛濃密捲至背部的尾巴，然後靠近珊蒂，用鼻子嗅聞。

珊蒂的好友凱西。在阿清過世後，她新養的狗阿年。

「呵呵呵，還是一樣很大隻、個性沉穩。一般來說秋田犬都脾氣暴躁，但你一點都不像呢。」

「當時我跟秋田犬的專業繁殖者說我想讓牠當治療犬，就被說太亂來，絕對不可能。不過，妳看現在，阿清不就是隻貨真價實的治療犬！那麼待會兒見。對了，下次來我家的紅酒派對，如何？」

凱西對珊蒂眨了眨眼，便朝出口走去。

珊蒂目送凱西與阿清走出去後，帶著奧莉維亞走進候診室大廳。

「啊，奧莉維亞！」

在櫃檯的是熟識的男護理人員，他看到奧莉維亞便露出微笑。

原本氣氛陰鬱的候診室大廳漸漸被笑容包圍。

病人慢慢地朝奧莉維亞靠近。

突然有位約五歲的小男孩跑過來，問珊蒂：「牠會咬人嗎？可以摸嗎？」

「可以啊。你輕輕地摸牠，牠會很開心。牠會很喜歡你喔。」

珊蒂將小男孩的手拉過來，輕輕地撫摸奧莉維亞。

奧莉維亞睜大眼睛看著男孩。

「哇，毛茸茸的！好好摸喔！」

「怎麼樣？很好摸嗎？不可怕對吧？」

「哇！可愛！好可愛喔！」

然後小男孩抱住奧莉維亞。

奧莉維亞擺動尾巴，舔了小男孩的臉。

「哇，好癢喔！媽媽，妳來看！這隻狗舔我耶！妳看，妳看！」

男孩的媽媽走近，微笑地來到一旁。

「你看！你之前一直不想來，今天有來真好吧。」

這段對話讓周遭的人都露出笑容。

笑容讓病人變得開朗——

身為護士的珊蒂無法做到的事，奧莉維亞卻輕而易舉地做到了。不僅如此，因為有治療犬，許多護士對待病人時也變得較為和善。

狗對人類的影響力堪稱是魔法。

如此強大的力量是否能在醫院和社福單位以外的地方發揮呢？

珊蒂看著小男孩用臉頰磨蹭著奧莉維亞的身體，不禁心情激動。

但是，還有什麼其他的方法嗎？

珊蒂一邊確實感受到候診廳病人的笑容，一邊思索著她和奧莉維亞究竟還能做些什麼。

3 狗狗、小孩，還有繪本！

家裡的工作室依然亂得無處可站。

深夜，珊蒂用電腦確認過電子郵件後，推開堆積如山的繪本，朝寵物房去。

「奧莉維亞，睡覺時間到了喔，我們上床去吧！」

珊蒂話還沒說完，奧莉維亞便敏捷的像青蛙般跳到柔軟的床上。

珊蒂從隔壁房間拿了一本喜愛的繪本，躺在床上，開始閱讀。

「呵呵呵，好可愛的圖，奧莉維亞，你看！」

奧莉維亞從珊蒂的腋下鑽出頭，躺在珊蒂的手臂上，閉上眼睛。

沒多久，珊蒂聽到奧莉維亞的酣睡聲。

珊蒂受到奧莉維亞的影響，也漸漸陷入夢鄉。

不知道睡了多久。

「繪本！」珊蒂突然跳起，大聲嚷道。

她看了看枕頭旁的時鐘，指針顯示現在是半夜兩點。

「孩子和繪本……」

一旁的奧莉維亞睜大眼睛，抬頭看著珊蒂。

「奧莉維亞！繪本！繪本！狗狗、繪本和小孩！」

奧莉維亞一臉「發生什麼事」的表情看著珊蒂。

珊蒂趕忙拿起一旁的繪本，坐到客廳的沙發上，叫奧莉維亞過來。

「奧莉維亞，來媽媽這裡！」

奧莉維亞聽到叫聲後，迅速地衝到沙發旁，將前腳放在珊蒂的膝蓋上，然後躺了下來。

「奧莉維亞，媽媽現在要念繪本給你聽喔。」

珊蒂說完，將繪本攤開在膝上，讓奧莉維亞也看到，然後開始朗讀出聲。

那一天，麥可跟爸爸媽媽一起去野餐。
那天是晴朗的春天午後。

聽到珊蒂的聲音，奧莉維亞左右交替地看著珊蒂和繪本。

越深入森林裡，麥可的腳就越覺得痛。

「奧莉維亞，有趣嗎？還要我再讀嗎？你還想再聽嗎？」

奧莉維亞拚命地想理解珊蒂的話，歪頭盯著珊蒂看。但是狗狗奧莉維亞當然無法瞭解繪本的內容。沒多久，奧莉維亞打了一個大哈欠，躺在珊蒂的身旁睡得很熟。

不過，珊蒂仍繼續念繪本給奧莉維亞聽。

繪本念完後，珊蒂拿出小說，以奧莉維亞聽得到的音量，開始閱讀。

真的很不可思議。

奧莉維亞明明只是在珊蒂身旁睡覺，可是感覺上好像奧莉維亞真的在聽著她閱讀繪本。

珊蒂念得更起勁，投入感情地朗讀故事主角的台詞。

因為她的聲音跟平時不同，奧莉維亞驚訝地抬頭看著珊蒂。

「奧莉維亞，怎麼樣？現在是這個女生要去搶情人的台詞喔，聲音聽起來是不是很壞心？」

奧莉維亞再次不明白地歪著頭。

可以讓孩子唸書給狗狗聽。這個構想絕對可行！

現在的孩子幾乎不看書，甚至也有不少孩子討厭閱讀，但是，如果跟狗狗一起唸書呢？就算一個人不看書，但要是跟可愛的狗狗一起唸書，就會覺得閱讀很有趣吧。

珊蒂將小說丟在沙發上，走進堆滿繪本的工作房，胡亂翻找著書桌的抽屜。

「有了！」

她從文件夾裡拿出一張名片，迅速地將電話號碼抄到紙上。

外頭，天已漸漸亮了，又是全新一天的開始。

「蒂娜，如果沒有妳的幫忙，這個構想不會成功的。」

她將取出的名片舉在頭上，像在祈禱般地呢喃。

數小時後，珊蒂來到鹽湖城中央圖書館的櫃檯前。

「我是珊蒂·馬丁，我要找宣傳部的經理蒂娜·湯姆帕姆斯基。」

「您有跟經理約時間嗎？」

「我今天一大早打電話來的。」

「請您稍等一下。」

櫃檯小姐親切地微笑後，拿起電話撥打內線。

等了一會兒後，電梯門開啟，有個纖細高挑的女士走出電梯。

「珊蒂，早安，今天一大早的怎麼了？有什麼好事嗎？」

蒂娜帶珊蒂到館內的咖啡店後，詢問：「妳要點什麼？」

「謝謝！那我要冰檸檬茶。」

「那麼，就一杯冰檸檬茶，我要卡布奇諾。」

「是這樣的……」

珊蒂不顧蒂娜正在跟女服務生點餐，立刻切入正題。

鹽湖城中央圖書館宣傳部的經理蒂娜，是珊蒂認識很久的朋友。

如果沒有她的幫忙，構想可能不會成功。

像要確認似地，珊蒂急切地說：「我有件事要麻煩妳，所以才一大早就打電話給妳。不過，我要先問妳一件事，去兒童圖書室看書的人多嗎？」

「不算太差，算是普通。」

「可以讓更多孩子來——也就是說，如果有個方法，可以讓不喜歡看書的孩子想來圖書館，怎麼樣？」

「如果是替圖書館宣傳的方法，當然很好。珊蒂，是什麼方法？」蒂娜邊在送來的卡布奇諾裡加糖，邊悠哉地說。

「我的構想是讓小孩唸書給狗聽。」珊蒂將身體往前傾，一臉認真地對蒂娜說。

「什麼？」蒂娜驚訝地高聲反問。

「嗯，跟妳說喔！讓孩子對著狗唸書。當然，要念出聲音。也就是說，小孩

鹽湖城中央圖書館

唸書給狗聽。妳瞭解嗎？」

珊蒂一口氣說完，蒂娜邊搖頭邊大大嘆口氣。

「蒂娜，妳在聽嗎？」

「珊蒂，我明白，非常明白，我懂。聽起來實在簡單又荒唐。可是狗呢？帶妳的狗來嗎？」

「當然！除此之外，還可以帶我做志工的ＩＴＡ裡的數隻治療犬。只要再替狗做新的聽書訓練就好了。都是得到認證的治療犬，所以我想沒問題。應該不用花太多時間，就能把狗的部分準備好。」

「這個構想有別的團體做過嗎？」

「沒有，這個構想是我昨天半夜突然想到的！」

「所以，從來沒有人做過？」

「對，沒有人做過。」

瞬間，蒂娜的眼睛為之一亮。

「是第一次嘗試啊！雖然真的挺荒唐的……嗯，或許很值得試試看。」

「真的嗎？」

「嗯，從來沒有人做過，若是有話題性，就會受到歡迎。」

除了中央圖書館之外，蒂娜還負責鹽湖城近郊的六家圖書館的宣傳活動。

蒂娜心想細節暫且不提，能達到宣傳效果就很不錯了。而且她從以前就知道ITA做過許多很棒的治療活動，這點也是能去積極思考的材料之一。況且這個構想還沒有任何人執行過，是珊蒂想出來的點子。如此一來，應該更有宣傳效果。

蒂娜在腦中打著生意人的算盤。

「話說回來，珊蒂，妳為什麼會突然想到這個荒唐的點子？撇開我不說，問題是有沒有辦法說服得了其他職員。」

「說服的理由是這樣的！孩子就算唸書念得不順、念錯了，狗狗也絕不會笑他，不會看不起他，只會靜靜地聽。所以孩子就會有自信，也會變得喜歡唸書了！這樣如何？」

珊蒂激動得手心滿是汗，喉嚨乾渴。她用手帕擦擦汗。

「珊蒂，妳將孩子的心理剖析得很透澈嘛。」

「不只是孩子，大人也是一樣。就算再怎麼愛閱讀的人，如果突然要他在一大群人面前朗讀，會如何？也是會壓力很大，很擔心若是失敗的話會被嘲笑。這種時候，即使是平常能輕鬆念出來的書，也會覺得很難，不是嗎？」

「如果對象是狗，就比較不會覺得壓力大，是嗎？」

「因為狗絕不會笑你，我們人類所害怕的事，狗絕對不會做，妳不覺得這樣很棒嗎？」

「這是一定的啊。因為狗狗不知道人類在說什麼！」蒂娜驚訝地回答。

「別這樣說啦。愛狗的人應該都會這樣想的。狗總是帶著善意接受我們，所以大家都把狗當作家人一樣地疼愛。」

「唔，這麼一說，珊蒂也確實把奧莉維亞當作女兒一樣疼愛。總之，我瞭解妳的意思。我會召集附近的圖書館職員，開會討論一下。如果真的能夠訓練狗來聽孩子唸書的話，那就很有意思呢。如果ITA的治療活動團體能做的話，就不用擔心會受傷或衛生問題了。」

蒂娜將剩下的卡布奇諾一口氣喝完。

「那，這個構想的企劃名稱確定了嗎？」

「叫R・E・A・D，如何？」

「READ？那不就是『閱讀』的意思嗎？會不會太簡單了？」

「嗯，雖然是『閱讀』的意思，但其實它是取自Reading Education

Assistance Dog（閱讀教育輔助犬）的第一個字母。很有趣吧？」

「欸！這真是文字遊戲呢。很棒耶，珊蒂！」

似乎會是很好的宣傳——這裡有書，再加上孩子和狗，很有意思。

為了宣傳圖書館，蒂娜想試看看珊蒂這個乍看很荒唐的企劃。

首先，要說服其他職員。

不過，包括中央圖書館，共有六個圖書館的圖書館管理員，大家的反應都不太好。

「到底是誰提出這麼蠢的企劃？」

「狗聽不懂人話吧。」

「如果狗咬孩子的話，誰要負責。」

或許這就是一般大人的意見。

蒂娜反覆將珊蒂說服她的話說給圖書館管理員聽，試著獲得大家的認同。

但是，即使如此還是無法得到所有人的認同。

無可奈何下，蒂娜提案讓這個企劃試行一個月，視結果再做判斷。雖然還是有幾個人不認同，不過在設定「試行期限」後，終於達成協議，會議終於結束。

無論被說成多麼愚蠢的企劃，只要結果是好的，就不會有人再有意見。

蒂娜一開始是為了替圖書館宣傳而提供協助，不過在跟珊蒂討論好幾次後，她開始覺得或許會有出乎意料的效果。

通常都是聽媽媽朗讀的孩子，現在反過來，要由孩子朗讀書，而且還是要念給狗狗聽。雖然被說荒謬至極，但從孩子的角度來看，這可是很光榮的事。

蒂娜趕忙著手調整圖書館兒童區的活動行程。

第一次的活動定在十一月十三日（星期六）下午一點至三點——

總之，必須要讓許多親子知道，有狗要到圖書館來。

蒂娜製作了一百多張骨頭形狀的可愛傳單，上面寫著名為「R・E・A・D

活動」的企劃，再加上「與狗狗共度愉快的午後」的文字。於十月下旬在圖書館裡發送。

並且，將這個傳單做成新聞稿，送到報社和雜誌社等，希望能有刊登的機會。

但是——

完全沒有效果。

活動日就快到了，報章雜誌媒體完全沒來詢問，只有時間不斷流逝。

這個企劃太過獨特，到底該怎麼做才好？

蒂娜打電話給在《猶他新聞報》報社工作的朋友，尋求意見。

「這份新聞稿只是說孩子與狗在圖書館共度時光的活動，這樣實在沒辦法當成報導。」蒂娜的記者朋友說，不明白這個企劃的內容。

「不是，不是！這是更具教育意義的嘗試。你想看看，這裡是圖書館啊。」

DOG DAY AFTERNOONS
A "pawsitive" reading experience at the City Library
Saturday afternoons from 1 to 3 p.m.

中央圖書館的蒂娜和介紹活動的骨頭形狀廣告傳單。

「嗯，所以才更讓人不懂啊。」

蒂娜在電話中詳盡地解釋這個企劃的宗旨。

「哎呀，聽起來很有趣！」

「是吧？現在要拜託其他的報章雜誌的人有點難……你願意幫忙嗎？」

「你還真幸運，我也很喜歡這種荒唐的事！嗯，先刊登狗狗在聽孩子唸書的意象照片。文案就寫『毛茸茸的傾聽者』——這樣太硬了。『毛茸茸的狗狗聽你唸書！』，這樣如何……」

「那就交給你了。不過，放上照片一定會很有效果！總之，因為第一次的活動是十一月十三日，麻煩你在活動的前幾天刊登。」

「瞭解，包在我身上！」

於是，一九九九年十一月九日（星期二），鹽湖城的地方報紙《猶他新聞報》大篇幅刊登出R・E・A・D企劃的意象照片。

METRO

Section B
Salt Lake County

TUESDAY, NOVEMBER 9, 1999

Furry listeners available to small readers

Main library starting Saturday program to help boost literacy

By Douglas D. Palmer
Deseret News staff writer

A program beginning Saturday at the Salt Lake City Main Library should be a "pawsitive" experience for children.

And their new-found friends will likely be wagging their tails.

After a recent trial run at a Salt Lake bookstore and at the library, Intermountain Therapy Animals and library officials say they are excited to begin a program designed to improve the literacy skills of children. The R.E.A.D. (Reading Education Assistance Dog) program, a new division of Intermountain Therapy, strives to improve the reading skills of children through the assistance of registered pet partner therapy teams as literacy mentors.

"Dog Day Afternoons" will run from 1 to 3 p.m. Nov. 13 and for three consecutive Saturdays through Dec. 4. It will provide an opportunity for children to read to the therapy animals.

But the program isn't limited to children with difficulties in reading. It's for any child who loves to read and who enjoys being around animals.

"Literacy specialists acknowledge that children who read below the level of their peers are often intimidated by reading aloud in a group, often have lower self-esteem and view reading as a chore," said Lisa Myron, manager of the Children's and Young Adult Department of the library system.

"We hope to create a positive, nonthreatening and fun environment in which reading is facilitated," said Sandi Martin, a member of the board of Intermountain Therapy Animals and founder of R.E.A.D. She suggested the project to library officials.

R.E.A.D. will have six dogs and their owners available. Registration is limited to 25 children each Saturday. They will sign up to read to a dog for half-hour blocks during the four Saturdays. Parents may accompany their children. Children need not come all four Saturdays, but those who attend three of the four sessions will receive a "pawgraphed" book at the last gathering.

No fees will be charged, and children may be registered by calling 524-8212.

"We are the first program in the country to use therapy dogs as literacy mentors for children," Martin said.

But therapy dogs have been used for a number of years in hospitals, nursing homes, children's residential facilities, pre schools and rehabilitation settings.

All dogs used for the reading program are certified therapy dogs. Labrador

Please see **READ** *on B2*

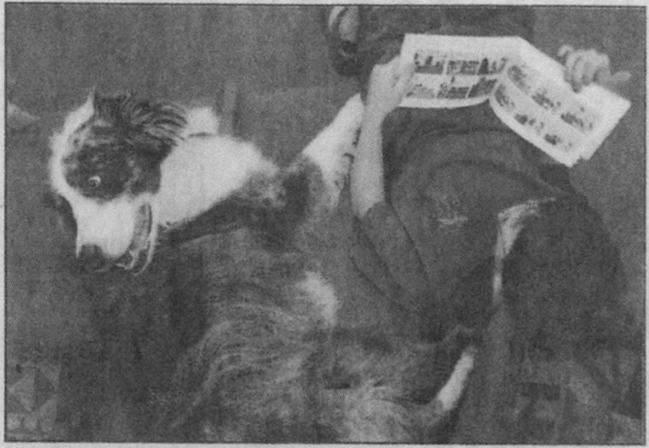

DESERET NEWS PHOTOILLUSTRATION

Stan Davis, 12, reads to Foster, who will be in Reading Education Assistance Dog program.

毛茸茸的、摸起來很舒服的狗狗，

想要聽你唸書喔！

等你喔！！

中央圖書館

11月13日（星期六）下午1點～3點

讓孩子閱讀力突飛猛進，

星期六的活動「與狗狗共度愉快的午後」

R·E·A·D（閱讀犬）活動啟動！！

第二章

討厭閱讀的孩子們

1 艾比·威拉和繪本

有天早上，海倫·威拉在《猶他新聞報》上看到很有意思的標題。

「什麼是『R·E·A·D活動』？」

直接看的話是「閱讀」的意思，但似乎是Reading Education Assistance Dog（閱讀犬）的簡稱。原來如此，很有趣的文字遊戲。海倫愈看愈覺得有意思。

她一口氣看完整篇報導，似乎很認同地點頭，然後拿著報紙，走到二樓孫女艾比的房間，敲門。

「艾比！艾比？起床了！」

「什麼事？奶奶……還很早耶。」

艾比揉著睡眼惺忪的眼睛，仰頭看著海倫。

「今天的早餐是麥片、香蕉和柳橙汁。已經準備好了，妳趕快起床來吃吧。還有，我有件事要跟妳說。」

因為艾比的父母都在工作，所以現年六歲的艾比，從小就是由奶奶照顧。艾比的大小事幾乎全由海倫來照料，因此艾比非常喜愛海倫。

「好……」

艾比回答後，邊打哈欠邊走下樓，在餐桌旁坐下。

「嘿，艾比，我跟妳說喔。」海倫一臉認真地看著艾比。

「艾比，今天放學回來，就來讀繪本吧。」

「啊——還要讀喔？奶奶，妳每次都說要唸書唸書！我不喜歡啦！我不喜歡唸書！妳知道我最討厭唸書了，不是嗎？奶奶，妳好煩喔！」

艾比雖然最喜歡海倫，但她最怕被奶奶強迫看書。

但是，海倫非常希望艾比能夠閱讀。

因為數年前才發現艾比有輕微的聽力障礙，海倫擔心她在學習上可能會較為遲緩，所以想著若能早點開始閱讀，或許就能克服障礙，她常常要艾比發出聲音來唸書。

不過，六歲的艾比不明白為什麼海倫要一直叫她唸書。

一開始艾比也是乖乖地照海倫的意思做，但她才六歲，還有輕微的聽力障礙，所以無法順利地發出正確的英文拼音。於是艾比就變得更不喜歡唸書。看到艾比這樣，海倫越來越不安，便逼迫艾比唸書。海倫對孫女的愛越深，就越是逼迫艾比「唸書」。

終於艾比不理會海倫的愛和擔心，連打開繪本都不願意。

「奶奶，我不喜歡繪本，我比較喜歡游泳，還有足球。我比較喜歡去外頭玩，我不喜歡看書！不……是最討厭看書。」

但海倫還是不放棄，她認為開啟艾比未來的第一步，還是只有讀書而已。

海倫焦躁不已。

不過，今天早上海倫看到報紙，看到了一絲希望。或許有方法能夠讓艾比喜歡看書。

「艾比，聽好了。今天妳不是跟奶奶一起唸書喔。」海倫柔聲地對艾比說明。

因為海倫以不同於以往的溫柔聲調，原本艾比拿著湯匙要舀麥片，卻將湯匙放回大碗裡，一臉驚訝地看著海倫。

海倫斜眼看《猶他新聞報》，清了清嗓子後，叫喚正在一旁沙發上睡覺的狗狗魯斯帝。

「魯斯帝！過來！」

魯斯帝抬起頭，搖著尾巴緩緩走過來。

「艾比，今天放學回來，妳要選哪本書都可以，然後唸書給魯斯帝聽看看，好嗎？」

聽到海倫的話，艾比訝異不已。

「奶奶，妳怎麼了？魯斯帝聽不懂我們說的話啦！魯斯帝是狗耶！我唸書給魯斯帝聽，也太無聊了吧。」

「妳如果好好念，魯斯帝會聽的喔。」

「不要，好無聊喔！」

艾比用湯匙把麥片搗得亂七八糟，拿起旁邊的香蕉敲桌子。

「喂！妳在做什麼？艾比，奶奶最愛妳了。書本可以替妳打開無限可能的道路，好歹讀一下書！奶奶拜託妳……」

「唸書一點都不好玩！」

「所以我才叫妳今天唸書給魯斯帝聽啊。妳聽奶奶的話，嗯，聽到沒？」

艾比無法再違抗奶奶的話。

海倫因為對艾比的教育太過熱心，除了這一點有點討厭之外，平常她是最溫柔、艾比最愛的奶奶。

「艾比！聽到沒？」

「唔——」艾比故意玩笑地回答。

「不應該這樣回答吧？好好回答！」

「聽到了，奶奶。」

「好，所以今天放學回來後，就要這麼做，知道嗎？」

「知道了，奶奶。」

總之照著奶奶的意思來做，奶奶就會開心，沒辦法只好照做了。

艾比一臉不愉快，用湯匙舀起剩下的麥片吃光。

十一月，陽光暖和、平靜的午後。

艾比念的是橡樹嶺小學，雖然她才一年級，不過，她已經可以自己走路上下學了。

下午一放學，艾比就直接回家，跟海倫說聲「我回來了」後，就照之前說好的，帶著繪本，坐在正在客廳睡覺的魯斯帝旁邊。

「魯斯帝！現在我要念繪本了喔，你要聽我念嗎？嗯……」

艾比翻開繪本的第一頁後，突然想到一件事。

「對了，也把洛吉帶過來。」

艾比說完後起身，到自己的房間把小白鼠帶過來。

「魯斯帝、洛吉，我要開始念了喔！」

艾比翻開繪本，將書放在地毯上後，開始念。

「奶奶，今……今天去郊……遊……」

艾比才念了約三頁，但很快就放棄了。

小狗魯斯帝似乎覺得很無聊，將屁股對著艾比，睡得很熟。

「什麼嘛，魯斯帝！你根本沒在聽！討厭！」

艾比丟下繪本，躺下來。

小白鼠像受到驚嚇，邊吱吱叫，邊在艾比的頭周圍匆忙地走來走去。

不知道魯斯帝是不是因為討厭這種情況，慌忙地走出房間。

過了一會兒後，海倫與魯斯帝一起回到客廳，來到躺著的艾比身旁，坐在椅子上，輕聲地說：「艾比，妳有唸書給魯斯帝聽嗎？」

「當然有啊！可是，奶奶，魯斯帝牠完全都不看書，也根本不聽我唸書啊！」

小老鼠洛吉都還比牠好，洛吉還會看著我呢！」

「妳有很認真地念給魯斯帝聽嗎？」

「我念了啊！可是魯斯帝完全聽不懂啊。所以唸書給狗聽很無聊啦！而且我最討厭看書了！」

海倫看到這種情形，大大地嘆了口氣。

「奶奶，妳不要再叫我唸書給魯斯帝聽了？」

「嗯，我知道了。艾比，那星期六妳跟奶奶一起去中央圖書館好嗎？」

「咦？圖——書——館？」

「對，我們去圖書館讀繪本。」

「不要！」

「去圖書館看完書後，我就買很多妳喜歡吃的薯條喔。」

「真的嗎？」

「對，說好了。」

「那要幾點去？」

「我們坐爺爺的車，一點左右到圖書館。」

「圖書館啊，雖然不是很想去。」

「還會有很多狗狗去喔。妳看，今天早上的報紙有寫。」

海倫將今天早上在《猶他新聞報》看到的R·E·A·D活動的報導給艾比看。

「哇，有狗狗躺著耶。」

才六歲的艾比還看不懂新聞報導，但她報導上的照片很感興趣。

「星期六去圖書館，或許會有很多狗狗喔。要去嗎？」

「嗯……好吧。可是妳說好要買薯條給我喔，奶奶！」

「當然囉！」

海倫露出微笑，抱住艾比，親了一下她的額頭。

2 查克里．特比與晨讀

在校車裡，查克里．特比一臉快哭的樣子。

查克里就讀高地公園小學，離家有數公里。坐巴士的話，很快就到了。

「如果時間可以暫停就好了。」

查克里在心裡如此呢喃。

「神啊！請讓時間停止！」

但是，巴士一下子就抵達小學校園。

鹽湖城的十一月早晨，細雪紛飛。

雖然戴著手套，手指應該還是覺得冷，但查克里緊張得手心都是汗。

查克里垂著頭走下巴士，慢吞吞地往一年級的教室走去。

如果通往教室的走廊，能永遠走不完就好了……

查克里祈禱著，後面傳來清脆的聲音：「查克里！早安！」

跟他說話的是級任導師瑪麗．多森，但查克里沒有回答。

「查克里，你身體不舒服嗎？感冒了嗎？」

查克里輕輕地搖頭。

「那就打起精神來！一天才剛開始喔。小孩子怎麼可以這樣一臉不開心的樣子呢？」

老師抱住查克里小小的肩膀，溫柔的跟他說，但查克里還是一副快哭的樣子，也不看老師。

為什麼小孩子不可以一臉不開心？

查克里將瑪麗的手推開。

導師瑪麗很清楚查克里憂鬱的原因。

因為今天有晨讀，輪到查克里要在大家面前讀章節故事讀本。

查克里的閱讀程度比其他一年級的孩子還要差。

在大家面前朗讀，對查克里來說宛如置身地獄。

查克里走路的速度越來越慢，但原本走廊就不太長，查克里一下子就走到教室門口。

全班同學都已經到了，坐在座位上。

看來今天沒有人缺席。

查克里瞄了一眼坐在半圓形桌子對面的湯姆。

湯姆也看著他。

「討人厭的傢伙。」

查克里坐在自己的座位上，拿出筆記文具，嘆了一口氣。

朝會結束後，終於到了晨讀時間。

查克里就讀的高地公園小學。

孩子們正坐在同樣的半圓形桌子前晨讀。

「大家安靜聽！」同學湯姆邊嗤笑，邊大聲地說。

查克里無計可施，只好看著書本，開始念第一行。

「媽……媽媽……拿著開罐器……說……」

就在這時，湯姆嘲笑地說：「什麼、什麼？聽不懂啦，你念清楚一點啦！」

「湯姆！安靜點！好，查克里，你別在意，慢慢念就好了，繼續念。」

瑪麗柔聲地對查克里說，但查克里氣血上衝，一個字都看不進去了。

現在已經沒辦法再念下去了。

「查克里？」

查克里已經哭了。

「我知道了。查克里，坐下吧。那換湯姆來念！可以嗎？」瑪麗指著取笑查克里的少年湯姆說。

「是，老師！『媽媽拿著開罐器說，來，吃甜點囉！媽媽一打開罐頭，便散發出濃郁的水果香氣』。」湯姆流暢地朗讀。

查克里一整天都很慘。連數學也算不出來，因為緊張和受到晨讀悲慘狀況的影響，彷彿腦中有好幾隻金魚在垂死掙扎般。

黑板上的題目共有三題，結果他一題也解不出來。查克里解不出問題，後來全是湯姆把問題解出來。

「湯姆討人厭，老師也是！為什麼我算數算不出來後，又要叫湯姆寫！」

查克里小聲地抱怨，然後心不甘情不願地把湯姆解題後的答案抄寫在自己的筆記本上。

「超倒楣，我到底在幹什麼。會朗讀真的有那麼了不起嗎？」

已經是午餐時間了，不過他完全沒有食欲。

連查克里最愛吃的肉醬義大利麵，他都沒動手，只是低著頭。

在腦中垂死掙扎的金魚好像已經死了。心情糟到讓他最愛吃的義大利麵都變成了他最討厭的蚯蚓——

同一時間，查克里的奶奶羅莉‧特比在她工作的猶他州立大學附屬醫院的自助式餐廳點了午餐。

羅莉接過廚房拿出來的三明治後，走在寬廣的餐廳裡，看到熟悉的人，跟對方打招呼。

「啊，珊蒂！真巧。一個人吃午餐很無聊呢，可以跟妳一起吃嗎？」

羅莉與珊蒂是在同一家醫院的志工服務單位的同事。

「羅莉，當然好啊。今天好不容易能準時吃午餐，好久沒這種機會，真幸運。等會兒我要回家一趟，去看看奧莉維亞。」

「奧莉維亞幾歲了？」

「大約一歲半。牠本來是在動物收容所的，所以我不知道牠正確的出生日期是什麼時候。」

珊蒂喝一口蛤蜊巧達湯後，說了一句：「嗯——好吃。」

「嗯……一歲半啊。奧莉維亞真的很聰明。牠參加醫院的治療活動，評價很好呢。」

「對了對了，羅莉，最近有新的活動要在圖書館辦喔。是我想到的點子，嗯，簡單說就是閱讀犬。讓孩子唸書給狗聽。妳的孫子查克里，多大了？」

「小學一年級。」

「你要不要讓查克里參加這個活動？」

「查克里嗎？那個孩子最怕唸書了。」羅莉拿著三明治的手停住，一臉擔心地說。

「這樣的孩子最適合了。」

「會有怎樣的成果呢？」

「這個星期六是第一次，所以還很難說。不知道會有多少孩子來……不過，無論孩子念得多不好，狗狗都會安靜地聆聽。」

「嗯。」羅莉還是一臉不明白地看著珊蒂。

「總之，百聞不如一見！妳和查克里一起來，好嗎？」

「雖然我還搞不太懂，不過，好像很有趣。只有奧莉維亞一隻狗嗎？」

「凱西的阿清也會來。還有ＩＴＡ登錄的治療犬，福斯特的狄倫也會來。」

「會有多少孩子去呢？」

「這個嘛，在中央圖書館的宣傳負責人蒂娜的努力下，昨天《猶他新聞報》有刊登報導，我想應該會有不少人看到吧。」

「希望可以順利呢。是什麼時候？」

「星期六下午一點到三點。只要在這段時間中，什麼時候來都可以。妳考慮看看囉。」

珊蒂用完餐，拿著空餐具起身。

「好的，我會帶查克里去。晚點，再請妳跟我說得詳細一點。」

羅莉微微揮手，想起成績落後的孫子。查克里的閱讀力確實很差。雖然她不認為只要有狗在，就能夠讓查克里的朗讀變好，但因為那是珊蒂要做的新志工活動，她很想多少幫一點忙。

兩年前，羅莉和珊蒂在同一家醫院工作，羅莉由衷地敬重珊蒂。珊蒂打從心底地熱愛照顧人的工作，她藉由別人需要她而找到自己的存在價值。即使是工作以外的事，只要有人需要幫忙，她也都很樂意伸出援手。珊蒂很喜歡看到他人的笑容，她自己也是永遠充滿笑容。珊蒂應該是每個人都會想擁有的最佳朋友。

但是，工作以外的志工活動，珊蒂也充滿幹勁，並非羅莉以為的「想幫助他人」這種單純的想法而已。

而是從背光處到向陽處。

珊蒂希望看到每個人都能轉而面向太陽。垂頭喪氣的病人、哭泣的孩子、忙碌不已的醫生、精疲力盡的護理人員，在奧莉維亞以治療犬的身分來到醫院時，才一瞬間，他們的改變就非常大呢。

然後，這次是「孩子」、「書」和「狗」的組合。這樣的組合到底能出現怎樣的變化呢——珊蒂很期待這一天的到來。

羅莉完全無法想像，珊蒂企劃的R．E．A．D活動會有怎樣的成果。但是，那是珊蒂所想出來的活動，羅莉心想一定會有很棒的結果。

羅莉看了一眼手錶，這個時候查克里正在學校開心地吃午餐吧。她面露微笑地想著貪吃鬼孫子的臉。

如果她說要去圖書館的話，查克里一定會愁眉苦臉，說不要去吧。

查克里討厭讀書，討厭到有點誇張。

不過，要誘騙孩子其實很簡單。

只要跟他說，回家時買他最愛吃的薯條就好了。

羅莉好久沒像這樣，帶著歡欣雀躍的心情，開始下午的工作。

第三章

閱讀犬 奧莉維亞

1 在圖書館與狗狗共度愉快的午後

一九九九年十一月十三日（星期六）的午後——

這天雖然地上有積雪，但是個無風、非常晴朗的平靜日子。

在中央圖書館的兒童區裡，超過二十位小孩圍繞著奧莉維亞、阿清等六隻狗坐著。

艾比・威拉和查克里・特比都由祖父母陪同，來到圖書館。

而且還有看過《猶他新聞報》報導的三家電視台，六位報社記者、雜誌記者……等拿著相機做採訪。

珊蒂完全沒預期到會有這種情況，迴響之大超過她的預期。

蒂娜看向被媒體與孩子包圍的珊蒂。

珊蒂對蒂娜微笑，眨了一下眼。

珊蒂看起來一點都不緊張，果然很像她我行我素的個性。

很快地唸書給狗狗聽的活動開始了。

圖書館管理員事先依據不同年齡孩子挑出適合的書，全都放在桌子上了。

孩子從中挑選出自己喜歡的書，再唸書給狗狗聽。

「好，艾比，妳已經挑好書了，那就念給狗狗聽吧。」

海倫催促艾比，艾比提心吊膽地走向前。

珊蒂立刻看到艾比，跟她說話。

「午安，牠是奧莉維亞喔。來這邊，妳要唸書給牠聽嗎？」

「來吧，艾比！」

艾比與海倫一起來到奧莉維亞面前。

「午安！先自我介紹吧。牠是奧莉維亞，牠非常期待聽妳唸書給牠聽喔！」

「午安……我是艾比，今年六歲。」

艾比笑容滿面，一屁股坐在奧莉維亞和珊蒂旁邊。

奧莉維亞大大地搖尾巴，舔了艾比的手。

「好可愛……牠的毛，毛茸茸的，奧莉維亞是什麼狗？」

「牠是葡萄牙水獵犬，牠最拿手的是游泳。」

「欸——牠最拿手的是游泳啊。我也有上游泳課耶！我最喜歡游泳池，然後我也有踢足球喔！」

「哇，艾比很擅長運動，有前途喔！」

奧莉維亞轉頭交互看著艾比和珊蒂。

「為什麼奧莉維亞戴著紅色的項圈？」

「嗯，妳覺得為什麼呢？奧莉維亞，艾比在問妳耶，妳可以回答他嗎？」

奧莉維亞歪著頭看著珊蒂。

「嗯，那我來代替妳回答囉。艾比，這個項圈代表著奧莉維亞正在工作。牠會去醫院拜訪病人，還會去有許多老年人的安養院時，牠也會戴上這個。」

「哇！那今天奧莉維亞也是在工作嗎？」

「是啊。不過，奧莉維亞最喜歡工作了。所以牠只要看到紅色項圈，就會非常開心。」

「奧莉維亞真的會好好聽我唸書嗎？」

「當然！如果妳很認真念的話，牠就會聽喔！」

「真的嗎……奧莉維亞毛茸茸的，摸起來好舒服！而且牠好香喔。」

「在來這裡之前，牠有好好洗過澡。而且也有刷牙喔！」

珊蒂像是把天大的祕密說出來似地，眨了一下眼睛。

「哇，奧莉維亞好愛乾淨！我今天早上也有刷牙喔。我可以親牠嗎？」

「當然可以！」

艾比在奧莉維亞的鼻頭上親了一下。

奧莉維亞似乎很高興地看著艾比。

珊蒂認為在孩子唸書給狗聽之前，一開始的這段時間是最重要的。孩子對狗沒有戒心的話，就會打開心扉，讓孩子放鬆是最重要的。

「好癢喔！奧莉維亞！」艾比抱著奧莉維亞。

奧莉維亞捲捲的毛對孩子來說，是最棒的毛皮。

在旁邊聚精會神觀看著的海倫也覺得很有意思。

「好，艾比，今天妳要念哪一本書給奧莉維亞聽呢？」

「唔……可是我不喜歡看書，所以念得很不好。」

「沒關係啊！奧莉維亞非常期待艾比唸書給牠喔。對不對？奧莉維亞。」

奧莉維亞交互看著珊蒂和艾比，搖著尾巴。

「好了，艾比，妳把書放在這裡，翻開……奧莉維亞，看得到嗎？」

艾比完全沒有緊張的樣子。

艾比指著翻開書本的第一頁圖畫，照著字念。

我的名字是保羅……我家是……個大……家……族，我……

下個單字艾比不會念，她不知所措。

奧莉維亞只是靜靜地看著她。

「來，我們一起念！這個字讀『知道』。奧莉維亞在聽喔。」

……**知道**。

「對，沒錯！艾比，念得好！奧莉維亞，對不對啊？」

聽到珊蒂的聲音，奧莉維亞站起來，搖尾巴。

「嗯！我可以再多念一點給奧莉維亞聽嗎？」

「當然可以！奧莉維亞在這裡，就是為了要聽艾比唸書給牠聽啊。」

艾比雖然念錯，卻還是繼續念下去。

念錯時，珊蒂就教她正確的發音，兩人一起一次又一次地重念。

而奧莉維亞只是靜靜地聽著。

艾比下意識地撫摸奧莉維亞的毛，抱住奧莉維亞，照自己的意思翻著繪本。周圍有媒體記者，還有幾十個孩子與大人在，但艾比似乎完全沒看到他們般，全心專注在繪本上。

奧莉維亞這隻狗願意聽我唸書。

當艾比如此相信時，魔法就發揮了效果。

有人在注視著自己，而且像是自己做的事得到了重視——

對艾比而言，這種愉快的感覺是難以想像的。

海倫看到孫女如此大的變化，簡直不敢置信。

艾比聚精會神地讀完一本內容不多的繪本後，「呼」地大大嘆口氣，氣息吹到奧莉維亞的身上。

奧莉維亞舔了艾比的嘴。

「哇——好癢喔！」

「艾比，謝謝！奧莉維亞說牠很開心喔！」

「嗯！我可以再念給牠聽嗎？」

這時，在一旁觀看的海倫幾乎快從椅子上跌下來。

「妳說什麼？」

她的聲音之大，周圍的人全都驚訝地看著海倫。

而艾比將念完的繪本放回桌上，認真地物色接下來要朗讀的書。

海倫數度搖頭，對自己說這不是在作夢。

她回頭看奧莉維亞，已有下個孩子坐在奧莉維亞的前面。

「艾比……」海倫叫艾比。

「奶奶，再等一下喔！我可以再念一本書給狗狗聽嗎？」

「當然！當然！妳要念幾本都可以……」

「奶奶，雖然我也想要早點吃到薯條，不過要再等一下喔！」

海倫聽到艾比的話，深切地感受到大人的愚蠢。

以愛吃的食物作為報酬，強迫孩子做某件事，她認為這麼做真的很可恥。艾比不會因為這樣而喜歡讀書的。

現在因為有狗在，艾比打從心底喜愛讀書。

艾比感覺到奧莉維亞愉快地聽著自己的朗讀，她也因為這樣感到自豪。

圖書館的兒童區裡擠滿許多孩子，七嘴八舌的。

那些孩子似乎只要待在狗的身邊，就很開心了。

孩子們全都目光炯炯地挑選書。要挑哪本繪本念給狗狗聽呢？狗兒如此簡單就能引導孩子，這只能說是狗狗的魔法。

艾比選好了下本書，一手拿著書，這次去秋田犬阿清那裡。

圖書館的兒童室裡，洋溢孩子的笑聲和在一旁守護孩子的親人溫暖的笑容。

但是，其中有個少年一臉的副冷漠、無趣的臉，看著眼前的情況。

那個人是查克里。

「來，查克里，輪到你了喔。你認識珊蒂吧？」

「嗯。」

雖然奶奶羅莉跟他說話，查克里還是無精打采地回話。

「來，跟奧莉維亞一起唸書。」

「我不喜歡發出聲音唸書。」

「沒有人會聽啦。」

「珊蒂阿姨和奧莉維亞會聽啊！」看到查克里鬧彆扭的表情，羅莉對他說。

「無論你念得多慢，奧莉維亞都會聽啊。」

「我念得不好！之前在學校才被同學笑。」

「奧莉維亞不會笑你，也不會瞧不起你。」

「奶奶妳根本就不懂我的心情。」

「是啊，不過，搞不好奧莉維亞會懂喔。」

「哼。」查克里用鼻子哼了一聲後，別過頭去。

珊蒂看到這種情況後，立刻開朗地說：「午安，查克里，來這裡！」，拉著查克里的手來到奧莉維亞的面前。

「嗨，查克里。」

珊蒂再次看著查克里的臉，叫他的名字。

「午安，珊蒂阿姨。」

「查克里，好久不見。一段時間不見，你又長大了嗎？而且也變帥了喔。」

珊蒂親切地對同事兼朋友的孫子說話。

「珊蒂阿姨也是，一段時間不見，好像又變胖了。」

「喂！查克里！」一旁的羅莉斥責他。

不過，珊蒂不以為意，「是啊，因為我每天都很快樂，吃太多好吃的東西吧。查克里喜歡的食物是……對了，我想起來了！是義大利麵，對不對？」

「嗯，不過，我現在不喜歡義大利麵了。」

「咦？是嗎？你以前不是說喜歡嗎？」

「我現在討厭了！」

「唔——發生什麼事了？」

「沒為什麼。就這樣。」

「是喔。那麼，我們今天就開心地玩吧。來，你坐這裡。」

珊蒂溫柔地摟住查克里的肩，讓他坐在奧莉維亞的旁邊。

查克里似乎很緊張，身體緊繃。

珊蒂使了一個眼色，奧莉維亞搖著尾巴，舔著查克里的手。

「啊。」

這是進來圖書館後查克里第一次露出笑容。

「好，查克里要念哪一本書給奧莉維亞聽呢？」珊蒂問，但查克里的手上沒有書。他似乎也沒有要去找書的樣子。

羅莉看到這種情況，自己去挑了一本書，打算要交給查克里。

於是，珊蒂對羅莉眨了一下眼睛，像是在說「交給我」，制止羅莉。

羅莉苦笑後，輕輕嘆口氣，坐在旁邊的椅子上，靜觀後續發展。

「查克里，今天我也帶了很多繪本來。要選哪本繪本呢？那選奧莉維亞喜歡的繪本囉。」

一瞬間，看到查克里眼睛一亮，不過，他立刻眼睛朝下看。

但珊蒂完全不介意，說：「那就念奧莉維亞最喜歡的書給牠聽，好嗎？」

珊蒂拿出來的是幾乎沒有字、給幼兒看的繪本。

「來，查克里，你念給牠聽。」

一頁只有一行、兩行字而已的繪本，即使是查克里，也能輕鬆地念出來。

查克里很勉強地將那本書念給奧莉維亞聽。

「嘿，查克里，不要只是唸書上寫的文字，你看著圖畫，自己編故事，講給奧莉維亞聽，好不好？」

聽到珊蒂的話，查克里猛然抬頭，皺眉看著珊蒂。

「這本書我念過好幾次給奧莉維亞聽，這個故事牠已經很熟了。所以你編個有趣的故事給牠聽，讓奧莉維亞開心好不好？」

「嗯……可是要怎麼做？」查克里一臉不安地看著奧莉維亞。

「你自己編故事就好了。你看著繪本的圖，編故事給牠聽！好嗎？」

「嗯，怎樣的故事都可以嗎？」

「當然！怎樣的故事都可以。你說一個世界唯一、查克里編的故事吧。」

「嗯！」

然後查克里腦中死掉的金魚似乎回到水中，活了過來，開始悠游。

自己編故事也可以。只要看著圖畫，說自己喜歡的事情就好了。

怎樣的故事都可以。現在沒有人會笑我。因為在聽我說的只有奧莉維亞。

就算我說奇怪的故事也沒關係。因為在聽的只有狗狗奧莉維亞而已。

好，所以只要盡情說出自己喜歡的東西就好了。

我要編出很棒的故事！

查克里感覺到自己的想像力突然活躍起來。

「查克里，好了嗎？」

珊蒂的聲音讓查克里回過神來，他興高采烈地翻開書，頭腦變得很清楚。

查克里對奧莉維亞微微一笑，開始依著繪本編自己的故事，流暢地讀繪本給奧莉維亞聽。

好開心喔。

是我，是我在唸書給奧莉維亞聽喔！

看到查克里一臉得意的表情，珊蒂對羅莉眨了一下眼睛。

羅莉一臉不敢置信、搖著頭。

讀比自己年齡程度低的書，一點也不覺得丟臉。

即使成人也會看繪本、看童書。並不是讀很難的書才是閱讀。首先，愛上閱讀最重要的一點，就是具備進入書本世界的想像力。

就算只有圖畫的書，還是可以「閱讀」。

而且珊蒂認為，用圖畫創造故事，對孩子來說，更能享受閱讀的樂趣。

查克里看著畫，念完書上僅僅一兩行的文字後，就開始照自己的意思，看圖編故事。

白色的雲飄在空中。如果白雲可以變成冰淇淋的形狀就好了。然後，當風吹過來時，白雲就會像蛋捲冰淇淋一樣捲，捲捲捲到天邊去。

查克里看著奧莉維亞，露出微笑。然後撫摸奧莉維亞，抱住牠說：「奧莉維亞，你知道冰淇淋是怎樣的食物嗎？」

查克里詢問，奧莉維亞只是盯著他看。

查克里把繪本的圖拿來自己故事，就像是在對小嬰兒解釋：冰淇淋就是這樣子的食物！

啊，這就是真的冰淇淋。很好吃喔！講完了。

查克里一臉滿足地說，闔上繪本。嘿嘿地笑，問奧莉維亞：「奧莉維亞，你想吃冰淇淋嗎？」

「嗯，想吃！」珊蒂馬上回答。

查克里大聲地笑了。

羅莉也笑了。

只要有狗狗在的地方，一定會充滿笑容。

羅莉目不轉睛地看著自己的孫子。

2 貝里昂小學

四個月後。

在圖書館舉辦的R・E・A・D活動「與狗狗共度愉快的午後」，第一次舉辦就大成功，於是變成每個星期六的固定活動。很多孩子為了唸書給狗狗聽，特地前來參加。

艾比和查克里就像被施了魔法般，主動參加，還每個星期都來圖書館報到。

而其中又以珊蒂的奧莉維亞和凱西的秋田犬阿清，最受到大家喜愛。

也有些孩子只挑奧莉維亞和阿清來的日子才參加活動。

這個活動的成效好得超乎珊蒂的預期，於是她希望能在更多地方舉辦。

這個活動似乎對成績不佳的孩子較有效果。

看到查克里近來的閱讀理解力突飛猛進，更讓珊蒂如此確信。

在珊蒂思考後，她向ITA提案，要在某間小學於放學後定期舉辦R．E．A．D活動。

珊蒂選中的，是距離鹽湖城市中心僅十多公里遠的貝里昂小學。

貝里昂小學的學區裡，有許多移民、母語非英語的孩子，而且家裡的經濟狀況也多屬清貧，生活環境不安定。孩子的學業平均成績不佳，因此珊蒂提出放學後的活動，希望能藉此幫助這些孩子。

而最積極配合這個想法是貝里昂小學裡，專門教讀寫的蘭斯．凱頓老師。

很瞭解學校裡孩子情況的蘭斯老師，對珊蒂提出的放學後R．E．A．D活動，表現出比別人更多的熱情。

首先定出由珊蒂和奧莉維亞、凱西和阿清這兩組，每星期三放學後在學校圖書室舉辦，為時兩小時的活動。接下來的問題則是，該如何挑選參加活動的孩子。

兩個小時中，每個孩子約進行二十分鐘，所以珊蒂和奧莉維亞這一組分配六名孩子，凱西和阿清這一組也是六名孩子，十二位孩子參加已經是極限了。

蘭斯不只考量孩子的學校成績，還有家庭環境，他慎重地挑選著參與活動的孩子。挑選出來的幾乎都是一年級的孩子，但依據蘭斯的判斷，再另外挑選出三位英語非母語的高年級孩子。

於是，二〇〇〇年三月貝里昂小學的R・E・A・D活動開始了。

參與這個活動的其中一個孩子艾普利・里昂，因為住得離學校很近，所以每天都走路上學。

沒有人陪伴、總是一個人上學的艾普利看起來蓬頭垢面、頭髮蓬亂，也不知道多久沒洗臉，身上的襯衫髒兮兮的，腳上的鞋子也是破舊不堪。在這所學校

（上）貝里昂小學。
（下）同小學的老師蘭斯·凱頓和奧莉維亞。

裡，有很多像艾普利這樣，被父母漠視的孩子。

很多父母學歷低、賺取的工資也低，所以只好身兼兩三份工作，早上孩子要去上學時，父母多半還在睡覺。當然有許多孩子連早餐都沒吃就去上學了，所以在貝里昂小學，每天的早餐都是由學校提供。

因為生活水準低，飲食教育什麼的，根本就不可能做到，很多家庭連孩子的營養狀況都不關心了，於是協助這些孩子的工作就由學校來做。

不過，在參加活動的孩子裡，一年級的里斯．華盛頓的母親則顯得不同。

里斯的父親在監獄服刑，雖然母子倆的生活貧困，但里斯的母親非常有禮貌，很重視孩子的教育。里斯的穿著雖然簡樸，但總是很乾淨，永遠穿著燙得很漂亮的襯衫。勤勞的母親每天送里斯上學，志願地幫忙學校完成早餐配送後，才回家。

當蘭斯向里斯的母親提出，想讓里斯參加R．E．A．D活動時，這位母親恭敬有禮地低下了頭，請求老師務必給自己的兒子這個機會，讓孩子能多讀一些書。

穿著ITA紅色上衣、身材豐腴的珊蒂，牽著戴紅色項圈的奧莉維亞，拖著行李箱，在星期三下午來到學校。

「午安，里斯！」

「珊蒂！」

里斯跑到玄關入口跟珊蒂打招呼後，便用臉盡情摩蹭奧莉維亞。

「里斯，你等很久了喔。」

「嗯！奧莉維亞，我一直在等你喔！等好久喔！」

奧莉維亞也很開心地搖著尾巴。

「嗨，珊蒂。凱西和阿清也到了喔！」

蘭斯到玄關迎接珊蒂，帶她進圖書室。

就在這個時候。

珊蒂的背後遭受到一個小小衝撞，嚇了她一跳，她回過頭去。

「尚！」

蘭斯大聲斥責那名少年。

名為尚的那名少年毫無反省的模樣，才以為他要一溜煙地跑走，沒想到他卻躲在柱子後面，目露兇光，窺探著他們。

「那個孩子是誰？」

珊蒂問蘭斯。

「他是尚·魯帕。一年級的孩子。」

「……尚。」

珊蒂回頭去看躲在遠處柱子後面的尚。

「尚的家庭有點複雜，他常會引發一些問題。像他這樣的孩子，我很想讓他參加這個活動，但他可能會妨礙其他孩子，所以我很猶豫。」

蘭斯一臉無可奈何地看著珊蒂，聳聳肩。

不過，珊蒂面露微笑，對著躲在遠處走廊後面的尚大聲說：「尚！你要不要唸書給狗狗聽啊？」

「哼！狗都去死一死啦。」

尚大聲叫嚷。

「你怎麼可以這樣講。你有養過狗嗎？」

「我爸有養！是要讓牠們打架的。拿來賭錢看哪一隻會打贏！牠們只是用來打架的傢伙！」

「尚，那你就錯了喔。」

「我才沒錯！狗都是混蛋！」

「你錯了！」

珊蒂的口氣略微嚴厲，尚往後退一步。

「來圖書室，好嗎？我們在圖書室等你，歡迎你來。知道嗎？」

「臭老太婆！」

尚如此大嚷，但珊蒂完全不在意，帶著奧莉維亞走進圖書室裡。

凱西和阿清已經在圖書室裡了。

被挑選來參加活動的孩子們也都到了。

里斯搶先選好書，正等待著。艾普利也在。

「午安！」珊蒂跟大家打招呼後，打開行李箱。

陸續拿出給奧莉維亞坐的墊子、喝水用的水盆、毛巾、麥克筆、點心，還有孩子們喜歡的繪本。

最後拿出孩子們最期待的，狗狗掌印形狀的圖章。

孩子只要讀完一本書，珊蒂就會在寫著孩子名字的卡片上蓋章。只要讀完十本書，卡片上蓋滿了十個章，ITA就會送一本孩子自己喜歡的新書作為獎勵。

這些孩子多半出身自貧困家庭，家中的經濟狀況不允許給孩子買書。所以對這些孩子來說，這樣的禮物非常有效果。

一切準備妥當後，里斯率先飛奔過來。

「今天里斯還是第一個？」珊蒂問。

「對啊！放學後我第一個來這裡等。我從那個窗戶看到奧莉維亞後，就立刻衝到玄關去接你們！凱頓老師，對不對？」里斯回頭對蘭斯說。

「是啊，里斯今天也是第一個來的，邊複習功課邊等。因為里斯比誰都還期待能見到奧莉維亞。」

蘭斯還沒說完話，里斯已經抱住奧莉維亞，翻開繪本。

里斯因為在校成績不佳，所以才參加這個活動，不過他在媽媽的愛中長大，因此個性十分坦率。

比起讀書，里斯更喜歡奧莉維亞，而且喜歡得不得了。而可以獨占奧莉維亞的時間，就是星期三放學後的讀書時間。

「里斯，今天一天過得如何？今天你跟媽媽一起來學校嗎？」

「對！」

「你媽媽真是好媽媽啊！她每天都來學校幫忙準備早餐，對不對？」

「對啊！今天的早餐是培根蛋和麥片、牛奶和柳橙汁喔。」

「哇，那你都吃光光嗎？」

「嗯，吃光光了！而且吃完後，我也有幫忙收拾喔。」

「這樣啊，你好乖喔。你今天穿的襯衫也燙得很漂亮呢。看起來很帥喔！」

「呵呵呵，媽媽每天都會幫我洗襯衫。妳看，這裡破了一個洞。然後媽媽幫我弄了一個狗狗的刺繡貼花。我跟媽媽說了奧莉維亞的事，媽媽特地去買黑色狗狗的刺繡貼花給我。」

里斯說著，舉起右手，把側腹的地方秀給珊蒂看。

「真的耶！跟奧莉維亞有點像呢。好可愛！」

「對吧？之前我跟奧莉維亞牠們去野餐，珊蒂把當時拍的照片給我，媽媽有看過照片，所以她知道奧莉維亞是怎樣的狗喔。」

里斯始終不斷地撫摸著奧莉維亞，開心地說。

對珊蒂來說，在唸書之前，與孩子的閒聊是很重要的。藉由閒聊能知道現在孩子的心理狀態，以及與父母之間的關係，在這段時間裡可以得到很重要的資訊。

孩子常會在日常生活中，傳送出各種不同的訊息。如果能盡早發覺這些訊息，便能配合孩子的狀況來進行活動，如此一來，也會更有成效。

雖然在活動前就能從蘭斯那裡得知孩子的生活狀況，但除此之外，珊蒂也非常重視在與狗狗接觸後，孩子自然流露出的真心。

里斯跟珊蒂說完今天一天做的事後，自己拿出書本，手環抱著奧莉維亞，開始專注地朗讀。

與其說是里斯唸書給奧莉維亞聽，那種感覺更像是，因為在奧莉維亞的旁邊，他更能專心唸書。

一旁，艾普利也在唸書給阿清聽。

其他在等候著輪到自己的孩子則在自習，由蘭斯看顧，讀其他科別的書。

一個人二十分鐘，書念完了，就換下一個人。

「念得很好，里斯，你好棒喔！今天你都沒有念錯字耶，進步好多。對不對，奧莉維亞？」

奧莉維亞靜靜地抬頭看著珊蒂，然後再看著里斯。

「奧莉維亞！好棒喔！我今天都會念耶！而且都沒有念錯！」

里斯舉起奧莉維亞大大的前腳，一起做出萬歲的動作。

「好，今天念完了一本書，蓋一個章。」

珊蒂在寫有里斯名字的骨頭形狀卡片上，蓋上一個狗腳印的印章。

「好，里斯，你念完了。來這裡，跟老師一起複習算數。」

聽到蘭斯叫他，雖然他覺得意猶未盡，但仍垂頭喪氣地站起。

「奧莉維亞，謝謝你今天來。」

里斯親了奧莉維亞一下後，讓出位子給別人。

「好，接下來換鮑比。啊，在這之前，奧莉維亞好像有點熱，讓牠喝一下水好了。」

「蘭斯，奧莉維亞沒問題的。」

珊蒂這麼說時，蘭斯偷偷對珊蒂使了一個眼色。

「鮑比，你稍等一下，好嗎？」

「是，凱頓老師。」

蘭斯留下奧莉維亞和孩子們，要珊蒂跟他到走廊去。

「蘭斯，怎麼了？」

「因為事出突然，所以沒辦法先跟妳說……你知道鮑比爸爸的事吧？」

「嗯，跟里斯的爸爸一樣，正在監獄服刑。」

「對，昨晚深夜他爸爸在監獄裡上吊了。」

「咦？」

「據說過世了。」

「……」

「鮑比還不知道。」

「……這樣啊。」

父親被逮捕、進監獄、惹出事端、虐待孩子、因為毒癮住院——在這裡，這些都很稀鬆平常。

也因為這一點，蘭斯才會與珊蒂密切聯繫，也才會知道與孩子相處時需特別留意哪些地方。

面對毫不知情的鮑比，父親的事和家人的話題都是禁忌。

年僅七、八歲的孩子，原本應該在父母全心全意的關愛下愉快地長大，但這些孩子卻得擔負著這些背景來上學。

但無論是怎樣的父母，對孩子而言，他們都是世界上唯一的父親和母親。

其他大人無論再怎麼關心孩子，還是無法取代父母。

如果鮑比知道他的父親自殺了，心情會怎麼樣呢？

珊蒂邊思考著這件事，邊努力露出開朗的笑容回到圖書室。

「來吧，奧莉維亞，下一個輪到鮑比囉！鮑比，坐在這裡！」

「午安，珊蒂。午安，奧莉維亞。」

「鮑比，今天在學校好不好啊？」

「嗯，普通。」

珊蒂將話題鎖定在學校。

不知道是不是心理作用，今天的鮑比看起來無精打采的。

不過，珊蒂的舉動與往常一樣，將繪本交給鮑比。

然後，就在鮑比翻開繪本時——圖書室的門被打開了，尚突然跑進來，結果他將書櫃裡的書全部翻倒，用腳踢那些散落在地板上的書。

「尚！」蘭斯斥責他。

但是，尚卻一臉若無其事的模樣，在圖書室裡什麼也不做，只是不斷地走來走去。

「尚！把書放回原位！快一點！」

「不關我的事！又不是我做的！」

「大家都看到了！奧莉維亞和阿清也看到了，大家都知道是你做的！」

蘭斯走到尚的旁邊。

「快點！」

「我不要！那個胖阿姨叫我來圖書室的，所以我就來了啊！明明是她叫我來的！」

「你說什麼……」蘭斯正打算說什麼時，珊蒂走過來隔開兩人。

「歡迎你來圖書室，尚。」珊蒂大大地張開雙手，露出微笑。

「什麼嘛！」尚一臉尷尬地看著珊蒂。

「尚，現在輪到鮑比。等鮑比念完後，你要唸書給奧莉維亞聽嗎？」

「狗哪聽得懂書！」

「狗到底懂不懂，你試試看就知道了啊。」

「狗都是笨蛋！」

「不過，你就是為了唸書給狗聽，才來這裡的，不是嗎？」

「才不是。我是來看笨狗長怎樣的！」

「是嗎？那你就仔細看看牠是不是笨狗囉。不過，你不可以打擾大家喔。」

珊蒂說完後，回到奧莉維亞和鮑比的身旁，讓鮑比繼續唸書。

那一天尚也沒有看他們唸書的情況，就在圖書室裡晃來晃去，有時故意找其他孩子吵架，有時還摔書、撕破書。

之後，最愛奧莉維亞的里斯，覺得只在星期三放學後見到奧莉維亞實在不夠，因此他也在星期六去中央圖書館的兒童區。

成績落後的查克里，以及非常討厭讀書的艾比，都想唸書給奧莉維亞聽，也每星期都去中央圖書館，等著輪到自己。

來自不同小學的孩子們，彼此間都沒說過話，但因為奧莉維亞，而在同一天、同一個時間來參加讀書活動。

其中又以里斯的進步，最令人瞠目結舌。

以前連給他低於自己年齡程度的書，他都不會讀，而現在卻連小學三、四年級程度的書，他都能輕鬆閱讀。

珊蒂確實感受到這個活動的成效。

這個「變化」讓珊蒂感到非常滿足。

於是，里斯一星期兩次，星期六在圖書館、星期三放學後在學校圖書室，唸書給奧莉維亞和其他狗狗聽。

放學後的貝里昂小學圖書室很熱鬧。

艾普利依舊一身邋遢地來學校。

來到了年底，但艾普利連襪子都沒穿，赤腳穿著破舊不堪的鞋子，每天早上就這麼來學校。無論是誰都能一眼看出，他的父母完全不關心他。

甚至讓人懷疑他早上到底有沒有洗臉。

「艾普利，你今天有洗臉嗎？」

「嗯，應該有洗吧。」

「不能說『應該』吧？」

「那，洗了。」

「艾普利，我跟你說喔，奧莉維亞來這裡見大家之前，都有好好地洗過澡、刷過牙呢。你知道為什麼嗎？」

「唔——不知道……」

「這是禮貌喔。乾乾淨淨的，見到你的人也會很開心，不是嗎？」

「嗯。」

「所以，艾普利也是喔，你來見奧莉維亞前，也要好好刷牙、洗臉。這樣一來，奧莉維亞會比以前更喜歡你。」

「只要好好洗臉、刷牙，就可以了？」

「是啊。還有頭髮也要梳整齊！」

珊蒂溫柔地替艾普利梳理沾著食物碎屑的頭髮。

「嗯。」

沒得到父母照顧的孩子，感受不到儀容整齊的必要性。

說起來，根本就沒有人教導他什麼是儀容整齊。

「那麼，艾普利，你跟奧莉維亞約定好了喔。」

「嗯，好。」

「謝謝！」

圖書室裡的孩子與奧莉維亞、阿清置身在溫暖的笑聲中。但圖書室裡最吵鬧的，還是做出各種不受歡迎的惡行的尚。

星期三放學後，尚一定會到圖書室。然後，將書櫃裡的書全部丟出來、又踢又踹，他絕不會乖乖待在一個地方，而是會不停地走來走去。

看到奧莉維亞時，便對牠大嚷著「笨狗」。活動結束後，他就這樣心滿意足地回家。

不過，珊蒂和蘭斯都不打算將尚趕出圖書室。

尚一定會改變。

兩人都認為，尚每個星期三都來圖書室，正代表他覺得這裡很舒服，以及他也很想讀書給狗聽。

然後，又過了一星期。

里斯與奧莉維亞在一起時總是神采奕奕，不只是在唸書給狗聽時，連在圖書室裡讀其他書時，都積極且專心。

艾普利也依照之前的約定，洗臉、刷牙，頭髮也梳得很整齊。

尚還是一如往常地踢書，邊打擾大家唸書，邊走來走去。

「尚！你不要在那裡晃來晃去，你要不要來摸摸奧莉維亞，一次就好了。」

聽到珊蒂的話，尚回過頭說出同樣的話：「笨狗。」

但是，今天尚的語氣顯得有氣無力。

珊蒂閃過一個念頭。

「我想奧莉維亞想跟你做朋友喔。」

「什麼嘛！」

「我說奧莉維亞想跟你做朋友，你不懂嗎？」

「我才不想跟狗做朋友。」

他說這話的聲音也同樣有氣無力。

「可是，奧莉維亞是這麼想的啊。」

尚回過頭。

「這隻狗不會咬人吧？」

「當然不會！」

「爸爸養的狗只會打架，會咬人……」

「不是所有的狗都是那樣的。來，奧莉維亞，過來這邊！」

奧莉維亞搖著尾巴，靠近尚。

「哇，不要過來！」

尚往後退。

「你看，像這樣摸牠，來。」

此時，里斯走過來，抱住奧莉維亞。

奧莉維亞用舌頭舔著里斯的臉。

「哇！牠在舔他的臉耶！」尚說。

「你幹嘛那麼驚訝？你不是每星期都來看嗎？」

尚沉默地靠近奧莉維亞。

然後小心翼翼地伸出手，珊蒂輕輕地拉著他的手，放在奧莉維亞的胸前。

尚小小的手掌完全埋進奧莉維亞捲曲的毛裡，看不見了。

尚的神色瞬間一變。

「尚，牠是奧莉維亞喔。」

尚吞了一口口水，沉默地點頭。

「奧莉維亞不是笨狗。」

「嗯。」

「奧莉維亞不會咬人。」

「嗯。」

「而且奧莉維亞說想要跟你做好朋友喔。」

「嗯。」

「尚會跟奧莉維亞做好朋友嗎？」

「嗯。」

「太好了，謝謝你，尚。」

「奧莉維亞……好溫暖喔。」

尚小聲地說。

「而且好軟、好好摸。」

圖書室角落裡，被尚破壞的耶誕樹微微傾斜著，靜靜地放射出五彩光芒，溫和地照在孩子們的臉上。

第四章

奧莉維亞的魔法

1 奧莉維亞的魔法

時值新的一年，漸漸能感受到春日陽光的暖意。即使到了放學時間，太陽仍高掛在天空中。

參加了圖書館的閱讀活動後，查克里再也不怕早上的晨讀。他腦中的金魚總是悠然自得地游著，而且午餐有他最愛的義大利麵時，他也不會再看成蚯蚓了。

查克里坐在回家的校車上，想像他奶奶羅莉被導師瑪麗．多森叫去學校時的情形，就暗自竊笑。

昨天放學後，被瑪麗叫來學校的羅莉，驚慌地趕到。查克里的媽媽因為要工作，時間上無法配合。

「查克里發生了什麼事嗎？」

羅莉走進教職員辦公室後，連招呼都沒打，就立即詢問瑪麗。

「我孫子做了什麼事……」

羅莉很擔心查克里做錯了什麼事，皺著眉、一臉抱歉地問。

「總之，這是考試的結果。語文、算數、自然，還有其他科目的考試結果。我才剛算好分數……」瑪麗略激動地繼續說，「他是不是用了什麼新的學習方法？去補習，還是有請家教？」

「沒有，沒什麼特別的改變。」

羅莉毫無頭緒，一臉疑惑地歪著頭。

「應該不是這樣吧。早上的晨讀也是，有段期間他突然朗讀得很好，不只是閱讀書寫而已，平均成績都進步了。我非常……老實說，非常驚訝。」

聽到瑪麗的話，羅莉恍然大悟。

「那大概是因為去圖書館的關係。其實我孫子每個星期六都去中央圖書館唸書給狗聽。而且是他自己想去的，我也很驚訝，他會這麼地熱中。」

「唸書給狗聽？」瑪麗驚訝地拉高嗓音問。

她無法理解狗與成績變好有什麼關聯？

羅莉將珊蒂在圖書館進行的活動說給瑪麗聽。

一開始瑪麗一臉的難以置信，後來聽到羅莉詳細說明活動情況，便開始認真傾聽，表現出強烈的興趣。

「真是太棒了。我可以讓我們學校的孩子去參加這個活動嗎？」瑪麗抬頭看著天花板，似乎正在思考，然後把手上文件夾裡剛打好分數的查克里的考卷拿給羅莉看。

「明天我會把考卷發還給孩子，奶奶，也請好好地稱讚他。」

之後，羅莉非常開心地回家，提早告訴查克里這件事。這是昨晚發生的事。

因此今天查克里在學校無需拿到剛打好分數的考卷，就已經知道自己的成績很好了。

查克里在校車裡，從書包裡取出剛拿到的考卷，露出滿足的微笑。

今天是星期三。

還要兩天才是星期六，才能見到奧莉維亞。在這之前盡量多讀點書吧！

查克里將畫了許多花的考卷收進包包裡，然後以愉快的語調小聲地說：「奧莉維亞，謝謝！」，對著校車窗外做了一個飛吻。

正當查克里搭校車回到家時，珊蒂和奧莉維亞剛抵達里斯他們所就讀的貝里昂小學。

蘭斯來到學校玄關迎接珊蒂他們，打招呼說：「嗨，珊蒂，春天已經到了呢。」

「是啊，再兩個月，山裡就會開滿花了，真期待呢。」

「對了，珊蒂，今天里斯的媽媽到學校來了。」

「咦，蘭斯，里斯的媽媽不是每天早上都會來當志工，幫忙準備早餐嗎？」

「嗯，不過不是那樣，她今天是特地來找我的。」

珊蒂快步地走到走廊，高個子的蘭斯有點畏縮地走在她後方不遠處。

「找你？為什麼？」

「下星期他們就要搬家了。」

「你說什麼？」珊蒂停下腳步，回頭看向蘭斯。「為什麼這麼突然？」

「里斯的爸爸最近快要出獄了……也就是說，他們母子為了不讓爸爸找到，要逃走了。」

珊蒂皺著眉頭，看著蘭斯。

「珊蒂妳也已經來這裡一年了，一點小事應該不會嚇到妳的，不過，里斯的媽媽一直遭受他爸爸很嚴重的施暴。」

「家暴？」

「對，是家暴。他爸爸因為做壞事而進監牢的這段期間，才讓他們鬆一口氣，但他就快要出獄了。如果他爸爸出獄，一定只能回家。但爸爸一回家，媽媽又會遭受家暴。里斯的媽媽害怕得不得了，所以下星期就要搬家。」

「搬去哪裡？」

「這個嘛……」

「里斯要搬去哪裡？」

「這一點她沒跟我說。她很害怕如果告訴了誰，她丈夫便會知道。所以怎麼樣都不肯說。還是……」

「還是？」

「還是說要搬去哪裡都還沒決定吧。我總覺得是這樣。我想，依目前狀況判斷，與其說是『搬家』，應該說『逃跑』比較恰當吧。」

「里斯知道嗎？知道他們非得搬家的事。」

「或許知道。今天看到里斯，如果他沒說的話，我想我們還是別提起。」

「枉費他比別人都還要努力，而且他是最期待能見到奧莉維亞的人。」

「嗯。不過，珊蒂，這不全然是壞事。里斯不只朗讀而已，其他科目的成績都進步非常多，妳看，這是證據。」

蘭斯從文件夾裡取出參與這個企劃的孩子們一年來的紀錄表，指給珊蒂看。

「很棒呢！」

里斯不只是閱讀書寫而已，連算數和理科都有大幅進步，足以頒獎表揚為優秀兒童了。

再仔細看，除了里斯外，還有三位孩子也很優秀，足以被表揚了。

珊蒂驚訝地看著紀錄表。

這個企劃一開始是以成績不佳的十二個孩子為對象。如今，每三個孩子便有一人的成績好到足以被表揚。

「珊蒂和奧莉維亞，以及凱西和阿清來了之後，那些孩子的功課有很明顯的進步。而艾普利！他現在還會用香皂洗手，吃完午餐後還會刷牙。」

「對，沒錯。」

「這個企劃似乎對年紀小的孩子有很大的成效。到底狗這種動物是施展了怎樣的魔法，讓孩子們喜歡唸書。而身為教育專家的我們卻做不到。」蘭斯以開玩笑的語氣邊笑邊說。

「因為父母和老師等大人，總是以命令的語氣跟孩子說話，而狗則會坦率地回應人類的話和情緒。與狗相處時，或許孩子的心中會出現『小小的榮譽感』。如果有誰無條件地靠近我們，即便是大人也會感激不已，不是嗎？」

原來是被如此認為與看待啊。我總是得到奧莉維亞的幫助啊。

「這樣能藉由孩子的榮譽心來培養出獨立性。雖然做得不算很好，但看著孩子們會讓我這樣想。」珊蒂與蘭斯站在走廊上繼續說。

「參加這個活動的孩子，如果單看閱讀能力，大概提升了兩個年級的程度，更厲害一點的孩子，約提升了四個年級的程度。真是傷腦筋呢。」蘭斯有些激動地說，奧莉維亞發出「嗚」的撒嬌聲。

活動兩點半開始，現在已經超過時間了。

「糟了，已經這麼晚了。珊蒂，總之，對里斯來說，今天是最後一天跟奧莉維亞在一起。就算他沒特別說什麼，妳可以給他稍微長一點的時間嗎？」

「沒問題，蘭斯。」

兩人交換落寞的笑容，急忙走進圖書室。

圖書室裡很熱鬧。

但總是第一個衝過來的里斯，卻沒出現。

仔細一看，他坐在房間最裡面角落的桌子旁發呆。

「午安！」

聽到珊蒂的聲音，衝過來的是尚。

「珊蒂！奧莉維亞！我等好久喔。」

尚說完後，輕輕地抱住奧莉維亞。

一開始尚連怎麼摸狗都不懂，現在他很清楚該怎麼做奧莉維亞才會開心。

他不會再大聲地亂吼亂叫，也不會突然地跑來跑去。

尚已經知道怎樣的行為是奧莉維亞不喜歡的。

因為他喜歡奧莉維亞，所以絕不會做奧莉維亞不喜歡的事。

不只是這樣，他還會自己思考，奧莉維亞喜歡什麼、該做什麼才會讓奧莉維亞更喜歡他，並且實際執行——其他孩子也是，參加R．E．A．D活動、與狗相處後，他們都變得能自己思考且付諸行動。

尚拿了一本書，貼著奧莉維亞，開始翻讀。

任誰都沒料到，讓人拿他沒輒的尚，竟會因為奧莉維亞而有如此大的改變。

從耶誕節前的那次到現在，尚判若兩人，變成會照顧奧莉維亞、凡事以奧莉維亞為優先的孩子。

珊蒂不禁感嘆，原來孩子具有如此柔軟的心。

只要有一個絕佳的機會，人就會慢慢改變。

所以珊蒂相信，現在自己能做的事，就是繼續替這些孩子創造出有狗、有書的環境。

看到尚的改變，更讓珊蒂有信心，但她看向孤伶伶坐在窗邊的里斯。

里斯雖然坐得遠遠的，卻仍一直看著奧莉維亞。

他留意到珊蒂的目光，露出僵硬的笑容。

等尚念完書後，珊蒂呼喚里斯。

里斯慢條斯理地來到奧莉維亞身邊，輕輕地撫摸奧莉維亞的胸口，但並沒有翻開書。

只是靜靜地抱著奧莉維亞，聞著牠的氣味、撫摸著牠。

不知到底過了多久，里斯將臉埋進奧莉維亞的捲毛裡，發出悶悶的聲音說。

「我……再也見不到奧莉維亞了。」

「怎麼了？里斯。」珊蒂努力故作平靜地問。

「今天是最後一次了。」

「……」

「我們就要搬家了。」

「里斯。」

珊蒂雖然想說些輕鬆點的話，但胸口一緊，就什麼話也說不出來。

「再也見不到了，好寂寞喔。奧莉維亞，我好寂寞喔。」

「……」

「再也不能唸書給奧莉維亞聽了。」

「里斯，我剛聽凱頓老師說，你的成績很棒，會被表揚呢。很棒耶！你是很有才華的小孩，所以無論去到哪裡，無論你有什麼夢想，一定都能實現的。」

「可是，我再也見不到奧莉維亞了。」

「你隨時都可以回來玩啊。奧莉維亞絕對不會忘記你的。」

「不知……不知道什麼時候才能回來。」

「里斯。」

「也不知道以後要去哪裡。」

里斯的半顆頭埋在奧莉維亞的捲毛裡，珊蒂輕輕地抱住他的頭。

他一定想過，今天來圖書室時不能哭。

七歲少年的肩膀太瘦、太小。他的肩膀抑制不住地微微顫抖著。燙得非常漂亮的襯衫袖口，因為淚水而濕透了。珊蒂無能為力，只能呆呆地盯著襯衫側腹位置的狗狗刺繡貼花，抱著里斯小小的身子。

2 謝謝你，奧莉維亞

那天是非常炎熱的四月天。

來到貝里昂小學的奧莉維亞，因為熱而伸出舌頭，很大聲地呼吸著。

「尚，午安！」

里斯離開之後，現在珊蒂走進圖書室時，第一個衝過來的是尚。

「午安，珊蒂，奧莉維亞！咦？奧莉維亞，今天看起來好像很累的樣子。」

尚看著奧莉維亞，擔心地說。

「這個季節對牠來說太熱了。奧莉維亞很怕熱呢。」

「所以牠不喜歡夏天？」

「只要慢慢適應就還好，但如果突然變熱，牠的身體會不能適應。因為狗狗穿著毛皮，不是嗎？人類如果覺得熱，把衣服脫掉就好，可是狗狗沒辦法啊。」

無論孩子問什麼樣的問題，珊蒂都會認真回答。

「牠伸出舌頭，一直喘氣耶。」

「因為狗除了腳掌的肉墊外，是不會出汗的。所以牠得藉著吐舌頭，來調整體溫。」

「咦——狗不會流汗？」尚驚訝地看著奧莉維亞。

「是啊。所以狗很怕熱，得喝很多水來調整體溫。」

珊蒂從紅色行李箱裡拿出水盆和毛巾，用毛巾擦奧莉維亞的嘴邊。

「嘿，艾普利，你可以幫奧莉維亞拿一些水來嗎？」

珊蒂遞出水盆，艾普利便高興地接過去，跑去水槽那裡。

尚一直看著奧莉維亞，對牠說：「唔——好可憐喔。奧莉維亞，你很熱嗎？」然後拿著自己原本要念的書當作扇子，幫奧莉維亞搧風。

奧莉維亞像是很舒服地瞇起眼睛，朝著尚抬起頭。

「奧莉維亞，很舒服嗎？我再幫你多搧點風喔！」

尚用書本拚命地用力上下搧風，沒多久他說了一句「對了」，跑去書櫃那裡，選了一本適合拿來搧風、又薄又輕的繪本回來。

「怎麼樣？奧莉維亞。這樣比較涼，對不對？」

珊蒂確實感受到尚心裡萌生的「體貼」。

對奧莉維亞的愛、體貼，能使孩子培養出獨立性、果斷力和思考能力。

因為尚很認真地搧風，所以額頭冒出了汗。

「尚，謝謝你。可是你這麼拚命搧風，會太辛苦啊！」

「我沒關係！只要能讓奧莉維亞涼一點，我無所謂啦！」

看到調皮的尚如此拚命的模樣，讓人不禁露出欣慰的微笑。

沒多久，艾普利在水盆裡裝滿水回來了，然後也拿著繪本幫奧莉維亞搧風。

其他孩子也過來，一樣拿著書替牠搧風。

這裡已經不是讀書的地方了。

而且奧莉維亞今天真的不太對勁。

「珊蒂，奧莉維亞沒事吧？」

蘭斯看到這種情況後問道。

「看起來不太對勁。」

凱西帶著阿清走進圖書室後，也皺起眉頭說。

「我也這麼想，可是早上牠食欲還不錯，我想稍微觀察一下狀況。」

「今天確實很熱，不過你還是帶牠去醫院檢查一下比較好呢。」

凱西擔心地拍拍珊蒂的肩膀。

今天天氣真的很炎熱，但或許不光是這樣而已。

凱西的話讓珊蒂感到莫名的不安，而且在心中不斷蔓延。

之後，珊蒂和奧莉維亞再次造訪貝里昂小學的圖書館，是在三個星期後的星期三。

因為奧莉維亞身體不舒服，所以在牠恢復健康前，暫時停止活動。

珊蒂和奧莉維亞在跟以往一樣的時間出現在圖書室裡。

「是奧莉維亞！」尚飛快地衝過來，抱住奧莉維亞。

「奧莉維亞，你還好嗎？已經都好了嗎？我好擔心你喔！」

艾普利和其他孩子也都跑過來，圍著奧莉維亞。

「奧莉維亞，太好了，你今天沒有喘氣，太好了！真的太好了！」

尚以雙手抱著奧莉維亞，用臉頰去磨蹭牠。

因為尚的輕撫，奧莉維亞開心地搖尾巴。

「嘿，大家聽我說。」珊蒂邊輪流看著每個孩子的臉邊說。

尚聽到珊蒂的話，看向她，但雙手仍抱著奧莉維亞。

「尚！來，離開奧莉維亞，來聽珊蒂說話。」蘭斯斥責尚，他乖乖地聽從。

蘭斯一臉擔心地看著珊蒂。

珊蒂沉默了一會兒，再次好好地看著每個孩子的臉。

然後做了一個深呼吸之後，開口說：「奧莉維亞已經沒辦法再跟大家一起讀書了。」

「為什麼？奧莉維亞要去哪裡？」尚大聲嚷嚷著。

「我不要！好過分喔！珊蒂，妳不要把奧莉維亞帶走！」

「我沒有要帶牠去哪裡！牠哪裡都不能去。尚，我也想要永遠跟奧莉維亞在一起。」

「那到底是怎麼了？」

「奧莉維亞，生了不好的病，已經沒藥醫了。」

孩子們眼睛眨也不眨地看著奧莉維亞。

「為什麼會這樣！」尚用無力、惶惶不安的聲音說。

「奧莉維亞就快死了。」

「騙人！」這次尚大叫。

「牠得了什麼病？」艾普利戰戰兢兢地問。

「是癌症。就是身體裡有不好的腫瘤，已經沒藥可醫了。」珊蒂的說話聲忽然變成含淚欲泣的聲音。

「牠還可以活多久？」

「牠什麼時候會好？」

「牠什麼時候可以來學校？」

孩子們你一言、我一語地問珊蒂。

「獸醫說牠已經活不了多久了。」

「牠會不舒服嗎？會痛嗎？珊蒂。」尚拉著珊蒂的衣袖，一臉不安地仰頭看著她。

「現在有吃藥控制，讓牠不會痛。所以，尚，你好好地摸摸奧莉維亞。」

「我不要！」原本拉著珊蒂衣袖的尚突然甩開手，大叫並跳開。

「尚，你怎麼了？」

「好可怕！好可怕喔！如果奧莉維亞會痛、會死，我不敢摸牠！」

尚一副快哭的樣子。

「艾普利，來，你像以前一樣拿書來，唸書給奧莉維亞聽。」

珊蒂對著艾普利說，但艾普利的雙眼蓄滿淚水，非常用力地搖頭。

艾普利哭了，抱住一旁的蘭斯。

受到尚和艾普利的影響，其他的孩子也陸續地哭了。

孩子的哭聲迴盪在圖書室裡。

凱西看到這種情況，代替珊蒂對孩子們說：「奧莉維亞很想見大家，所以才來這裡。牠想聽你們唸書。現在奧莉維亞完全不覺得痛啊。你們看，奧莉維亞一臉開心的樣子，不是嗎？」

凱西很努力地裝出開朗的模樣。

奧莉維亞因為很久沒見到孩子們，看起來真的很開心。

「奧莉維亞最喜歡來這個圖書室，也最喜歡大家了。」

凱西抓住珊蒂的手，緊緊握住。

「尚，現在奧莉維亞現在一點都不痛苦啊。」珊蒂邊拭淚邊對尚說。

尚還是很害怕。

這個時候，奧莉維亞朝尚靠近。

奧莉維亞大大地擺動尾巴，來到尚的面前，直接趴坐下來。

尚呆呆地看著奧莉維亞好一陣子，沒多久，他也在地板上坐下，小小的手掌像在安慰牠般，輕輕地摸著牠。

尚的眼淚落在奧莉維亞的背上，淚水被捲曲的毛吸收。

奧莉維亞閉上眼睛，一直任由尚撫摸牠。

然後，尚突然站起來，慢慢地從書櫃拿出一本書，像以前那樣開始唸書給奧莉維亞聽。

國王大聲的斥責，是誰吃掉了我最愛的蛋糕？國王拚了命要找出吃掉蛋糕的犯人。

他唸書的聲音響亮、有力且清楚，花了比平常還要長的時間，有時還會問奧莉維亞問題，像是要尋求牠的意見，然後繼續唸書。

其他孩子站在不遠處看著他們。

珊蒂在尚的身旁輕輕坐下，靜靜傾聽尚邊哭邊唸書的朗讀聲。

奧莉維亞似乎在打盹，或許是尚的聲音聽起來很舒服。

之後，僅僅一個月後，二〇〇一年五月十九日，在珊蒂的守護下，奧莉維亞在自家的沙發平靜地過世了。

牠只活了短短三年。

遭人類丟棄、坐在動物收容所水盆裡的幼犬，成為世界第一隻閱讀犬，受到許多孩子的喜愛。

非常多的孩子因為奧莉維亞不在了，所以不再去圖書館了。查克里就是其中之一。

羅莉和查克里得知奧莉維亞過世的消息後，把對奧莉維亞的想念寫在卡片上，將卡片和花束送給珊蒂。

對孩子們來說，奧莉維亞是很特別的狗。

珊蒂幾乎每天都收到悼念奧莉維亞的信，已經收到超過一百多封信。

但失去奧莉維亞，讓珊蒂非常傷心。

每天除了哭之外，什麼事都沒辦法做，這樣的日子持續了一段時間。

有一天，貝里昂小學的蘭斯聯絡珊蒂，說孩子們希望她來一趟。珊蒂造訪了一段時間沒去的學校圖書室。

孩子們應該知道奧莉維亞的死訊，但她實在很不想親口告訴孩子們這件事，她帶著這種心情，腳步沉重地前往學校。

那一天不是星期三，不過，那些被歸類為成績落後、參與那項活動的孩子，都靜靜地坐在圖書室裡看書。

「珊蒂！」

艾普利看到珊蒂，就跑過去找她。

艾普利沉默地將一疊對摺起來的紙張交給珊蒂。

「這是給奧莉維亞的信！」

那是孩子們寫給奧莉維亞的感謝信。

在一旁的尚，將放在最上面、自己寫的信打開後，大聲地朗讀出來。

因為有奧莉維亞，才能將原本我討厭的書念得很好。

不論我念得好不好，奧莉維亞絕對不會笑我。

也不會瞧不起我。

原本我很討厭狗，但是遇到奧莉維亞後，我就不討厭狗了。

奧莉維亞毛茸茸的、很溫和，會好好地聽我說話。

我真的好高興。

不知道從什麼時候開始，我也好喜歡奧莉維亞。

我們已經是朋友了。

我想好好地珍惜牠。

謝謝你，奧莉維亞。

我永遠、永遠都不會忘記奧莉維亞。

我不會忘記你的。

尚嗚咽著，很努力地將寫好的短信念出來。

「我絕不會忘記你的，奧莉維亞。念完了……尚．魯帕。」

「謝謝大家。我想在天堂的奧莉維亞一定會很高興。」

「珊蒂，還有喔，妳看這個！」

艾普利跑到窗邊，用雙手小心翼翼地捧著原本放在那裡的小樹苗，舉到珊蒂的胸前。

「我們要把它種在學校的後院裡。」

「……」

「珊蒂，這是為了奧莉維亞種的樹喔。」在一旁的蘭斯，輪流看著孩子們和珊蒂說。

「我要將這封信和這株樹苗一起種下去。這樣的話……」尚眼眶含淚地說，「這樣的話，我們就能把這棵樹當作奧莉維亞，然後在樹前面唸書。那樣就可以永遠跟奧莉維亞一起唸書了。」

尚的淚水滴落在小樹苗上。

「珊蒂，我們會照顧小樹，會好好照顧它的，妳看著。」

「尚。」珊蒂抱住尚。

「來吧，珊蒂，我們去後院。」蘭斯催促珊蒂，與孩子一起領著她到學校的後院。

凱西帶著阿清站在後院裡。

阿清的背上綁了許多五彩繽紛的汽球。

「凱西、阿清也來了啊。」

阿清綁在背上的汽球寫著「謝謝你，奧莉維亞」。

而孩子們已經用小手挖好要種樹的洞穴了。

尚小心翼翼地將樹苗放進洞穴裡，然後在旁邊輕輕放上艾普利和大家一起寫的信。

孩子們再次用手將土覆蓋上，漸漸地看不到樹苗的根和信了。

用灑水壺把水澆在樹苗上，剛挖掘過的新土散發出清新的氣味。

孩子們的身上都沾滿了泥土，一臉認真地看著樹苗，然後閉上眼，在胸前畫十字祈禱。

蘭斯在一旁靜靜地看著孩子們，然後自言自語地說。

「一開始這些孩子因為奧莉維亞看著他們，而覺得高興。而現在呢，他們為了奧莉維亞，努力地做自己能做的事。他們自己思考、同心協力，希望做能讓奧莉維亞開心的事。我們總是希望被愛、希望能得到什麼，不過，我想真正最重要的應該是，自己能去愛某個人、為了某人想去做些什麼，這樣的心情吧。」

然後，教會我們這件事的是這些孩子。

蘭斯以溫柔的眼神看著這些孩子，接著說：「再也沒有如此重要與難以傳達的事了，但奧莉維亞輕而易舉地就做到了。」

「蘭斯，謝謝。」

「應該要道謝的人是我。」

孩子們翻開從圖書室裡拿出來的書，對著剛種下去的小樹苗開始唸書。

孩子們童稚可愛的聲音在後院裡迴盪，讓春日盎然的校園充滿溫暖氣息。

身上綁著汽球的阿清，躺在孩子們的旁邊，一臉舒服地傾聽著。

在這裡的是「成績不佳」學校裡，被挑選出來的「成績不佳」的孩子。

種在紀念花園裡的紀念樹。

不過，從他們生動活潑地朗讀書本的模樣來看，卻完全看不出來。

在溫暖的五月風吹拂下，樹苗輕輕搖擺。

蘭斯突然像是想到什麼似地，微笑說：「妳知道是誰提議要為奧莉維亞種樹的嗎？」

珊蒂看著蘭斯，側頭思考。

「是尚喔！」

中央圖書館裡的藏書《狗狗天堂》

3 我們會永遠記得奧莉維亞

那捲捲的毛對孩子來說，真的是最棒的毛皮。

孩子們一看到薩爾達，立刻拿著繪本跑過來。

被孩子們包圍，葡萄牙水獵犬薩爾達開心地搖尾巴，簡直像極了奧莉維亞。

在奧莉維亞死後整整三年的現在，在鹽湖城中央圖書館舉行的R・E・A・D活動更受歡迎了，獨一無二且成果非凡的嘗試，得到許多報章媒體的報導。

現在，鹽湖城近郊就有超過五十個R・E・A・D團隊，在學校、圖書館等其他地方舉辦活動。

在奧莉維亞死後沒多久，珊蒂又養了一隻同樣是葡萄牙水獵犬的母狗——薩爾達，並讓牠接受治療犬的訓練。

R・E・A・D活動的團體在北美、加拿大總共有2200個。下圖為初期的成員。右邊數來第二組是珊蒂和奧莉維亞，其左邊便是阿清。

雖然珊蒂也多次考慮想跟以前一樣收養在動物收容所的狗，但她怎樣都無法忘記奧莉維亞。

如果要找新的家庭成員，她還是想要跟奧莉維亞一樣品種的狗——唯獨這一點她無法讓步，因此她從專業繁殖者那裡得到了薩爾達。

跟奧莉維亞一樣，薩爾達順利地通過伙伴狗的測驗，而且非常受小孩喜愛。每個孩子都會用臉去磨蹭牠那捲捲的毛後，才翻開書朗讀。

每次看到那種情況，珊蒂都會覺得自己從孩子與狗身上得到了許多。

「薩爾達！我們等你好久喔！」

圖書館裡都是孩子們的聲音。

有位十一歲的少女一手拿著厚厚的章節故事讀本，站在離孩子們圍繞著薩爾達稍遠的地方，等著輪到自己。

她是五年前硬被奶奶海倫帶來圖書館，參加首場活動的艾比。

在奧莉維亞死後，珊蒂與兩隻葡萄牙水獵犬一起生活。左邊是薩爾達，右邊是仍在進行治療犬訓練的克米特。

從那之後過了五年，現在艾比每個星期都會來中央圖書館，和狗狗一起唸書。去年她在學校寫作文時提到這個活動，她寫到即使現在是高年級生，她還是非常期待能和狗狗一起讀書。奶奶海倫一直很擔心的事——艾比的聽力障礙也已經痊癒了，艾比長成開朗的少女，並能享受自己最熱愛的運動。

珊蒂對著已經很熟稔的艾比和奶奶海倫揮揮手，然後打開總是帶著的行李箱，開始做準備。

此時，從圍成一圈的孩子外頭傳來一個少年的聲音：「珊蒂阿姨！」

查克里和奶奶羅莉也到圖書館了。

跟持續來參加的艾比不同，在奧莉維亞死後，查克里突然不再來圖書館了。

好久沒見到查克里，珊蒂驚訝地睜大眼睛看著他，並帶笑的語氣說：「我還想是哪來的大帥哥呢。」

在奧莉維亞死後，查克里在家裡養了一隻拉不拉多，叫洛基。不只書，他連

查克里現在也會唸書給
家裡養的狗狗聽。

在中央圖書館。已
經長大的艾比和薩
爾達、珊蒂。

漫畫都會念給洛基聽。

奧莉維亞死後，在貝里昂小學，有新的孩子跟薩爾達一起愉快地讀書。

每次看到那個情景，珊蒂就不由得會想起從前。

里斯不知道怎麼樣了？

那一天，就在這裡，里斯哭了，將燙得整齊漂亮的襯衫袖口都沾得濕透了。

里斯現在住在哪裡呢？

他比任何人都還要愛奧莉維亞，那坦率和熱情，具有天份的豐富才能。

里斯不知道奧莉維亞已經死了。

只有里斯不知道。

很多貝里昂小學的孩子都會突然消失。

尚和艾普利也都消失了。

很多人因為家庭因素而搬家，不過，幾乎沒有人知道那些孩子後來的情況。

「不知道里斯怎麼樣了？」

有一天，在一旁幫孩子們看功課的蘭斯，聽到珊蒂自言自語的這句話後，轉過頭。

「里斯，還有尚、艾普利，大家不知道怎麼樣了？」

蘭斯聽到後，閉著眼睛搖搖頭。

「大家都很好吧。」看到最後一個孩子念完書的同時，珊蒂看著蘭斯說。

「希望如此。」蘭斯的聲音雖然平靜，但回答得有氣無力。

「什麼嘛，回答得這麼不確定！蘭斯，你要說『一定很好的』。」

「是啊，珊蒂，大家一定都很好。但是我是這些孩子的老師。」

「你有點怪怪的呢，蘭斯。」

「既然珊蒂堅信那些孩子都很好，就去打聽一下大家的狀況不就行了？」

「是啊，沒錯。可是我只要一想到那些孩子因為父母的關係，得四處搬家，就沒辦法相信『大家都很好』。」

「我也是這樣啊。正因為很清楚那些孩子的情況，便沒辦法放心地說出那種話。但我瞭解珊蒂，想要聽到誰說出『大家一定都很好』的心情。」

珊蒂抱住薩爾達，大大地嘆口氣。

「珊蒂，要不要去後院？」

「後院？」

「已經很久沒去了吧。要不要去看看尚和艾普利種的樹？」

蘭斯這麼一說，珊蒂才想起，從那次之後，她幾乎不曾去後院。

不只那樣，她也完全沒去回想與奧莉維亞共度的愉快時光。或許她是在逃避。自從失去了奧莉維亞，她只能繼續前進。匆匆忙忙地養了薩爾達，為了讓R．E．A．D活動上軌道，每天忙碌不堪，根本沒有餘力去想念奧莉維亞。

珊蒂帶著薩爾達，跟蘭斯一起去後院。

好一陣子沒來了，為奧莉維亞種的樹已經長得很大了。

「現在還會有孩子來這裡嗎？」珊蒂在樹前蹲下，問蘭斯。

「嗯。」

蘭斯是在說謊，珊蒂立刻就發現了。

那棵樹很瘦弱，看起來不像有修整過。

蘭斯常會來替它澆水和施肥吧。

「對小孩來說，三年或許是很久、很久以前的事呢。」

「即使是多麼久以前的事，只要是愉快的回憶，是絕對不會忘記的。」

「和奧莉維亞一起讀書的事，大家應該都會記得吧。」

「當然啊。珊蒂也好一陣子沒來看這棵樹了，這不就是最好的證明嗎？」

「是啊。」

「所以，大家不可能會忘記奧莉維亞的，不是嗎？」

「嗯，沒錯。」

「我認為比起活在回憶中，人還是往前看比較自然。而且正因為我們的心中有美好的回憶，才有辦法前進。」

「是啊，蘭斯，你說得沒錯。」

珊蒂看著約莫比自己小二十歲以上的年輕蘭斯，感歎地嘆口氣。

「就算孩子們沒有來這裡，他們也會記得的。他們會記得奧莉維亞，記得為了奧莉維亞而種樹的心情。每個人一定都會記得心中最重要的回憶。不論是里斯、尚，還是艾普利，無論他們在哪裡，都會帶著這些無形的財產前進的。」

「已經過了三年，他們都長很大了吧。」

「孩子的一年與狗的一年，成長速度是一樣的呢。」

「我也不能輸給孩子，也必須要成長才行！」

「珊蒂已經長得夠大了啦！」蘭斯故意取笑身材豐滿的珊蒂。

「這是營養過剩！可不可以分給這棵樹啊？」珊蒂捏起突出於T恤的圓肚子說。

「那些營養對這棵樹來說或許太多了！」

兩個人大笑起來。

現在雖然仍是殘暑，但在九月的校園裡，能感覺到陽光變得略微柔和。

兩人聊著奧莉維亞和孩子們的往事聊到入迷，珊蒂看著手錶，不由得跳起。

「糟了，要趕快才行！」

「妳還有工作嗎？已經下午五點半了耶。」蘭斯難以置信地問。

「嗯，要說是工作也算是啦。下個星期日，中央圖書館不是要舉辦書展嗎？」

「啊，每年差不多都是這個時間喔。原來如此，妳要做準備啊。」

蘭斯恍然大悟地大大用力點頭。

「ITA要和中央圖書館一起弄個攤位，宣傳R．E．A．D活動。」

「要公開表演嗎？」

「那當然也要，由薩爾達來做。此外，還有發放宣傳手冊等東西。必須要盡量讓多一點人知道，這個活動對小孩來說有多麼好！為了討論這件事，我要到ITA辦事處去。」

「還需要宣傳嗎？R．E．A．D活動已經在不少地方舉辦了，不是嗎？志工和狗的數量也相當多了吧？」

「我希望能推展到全世界。因此必須要有這個活動的手冊，也必須訓練志工們，才能成為ITA的R．E．A．D團隊。光只有決心，活動也不會有成效的。我們希望把這些教育成果都放進宣傳手冊裡。」

「珊蒂，妳還是精力十足啊。」

「這些精力都是我的愛狗，以及許多孩子的笑容帶給我的呢！」

「有什麼是我可以幫忙的嗎？」

「你有這份心意就很夠了！不過，這個星期天，如果你有空的話，請來我們的攤位，我等你喔。攤位不大，但薩爾達在那裡，應該很好找。」

「嗯，我一定會去的。」

「那麼，這個星期天見。」

珊蒂說完後，帶著薩爾達一起走向停車場。

蘭斯目送著他們離去的背影，剛剛珊蒂說的那些話在他的腦中反覆迴響著。

這些精力都是我的愛狗，以及許多孩子的笑容所帶給我的呢！

蘭斯暗忖。

現在，身為教師的他，之所以能每天都過得很充實，正是因為有這些孩子。

正因為有這些，被認為成績不佳的孩子不斷地改變的關係。

雖然仍是殘暑，這個星期天的天空是晴朗清澈、開闊的藍空，讓人不禁覺得是秋高氣爽的秋天快來了。

珊蒂一大早就出門，來到中央圖書館後，便與其他的ＩＴＡ成員一起準備他們自己的攤位。

一年一度的書展，有許多人造訪，並對Ｒ・Ｅ・Ａ・Ｄ活動感興趣。有不少大人是看了電視與報紙的報導，對於唸書給狗聽這個活動真的能提升孩子的閱讀力，感到半信半疑，同時也覺得挺有趣的，而來到攤位。但也有不少父母是被薩爾達的可愛模樣所吸引，而帶著孩子前往攤位的父母。

「好可愛！牠是什麼狗？」

「是葡萄牙水獵犬！」

在書展中，珊蒂回答了好幾次同樣的問題。然後，當唸書給薩爾達聽的孩子出現時，就會有人造訪攤位，興致盎然地想看看究竟「唸書給狗聽」是怎樣的情況。

如果能以自然的形式進行公開表演，是最好的。落落大方、不太在意小細節的作法，正是珊蒂的作風。

許多人包圍著薩爾達，珊蒂連回應他們的時間都沒有，非常忙碌。協助開展這個活動的圖書館宣傳部經理蒂娜、凱西和阿清也趕到攤位來。艾比和海倫也一起來了。查克里與羅莉也出現了。他們都是希望活動成功，一有什麼狀況就會立刻趕到的伙伴。

珊蒂的攤位從一早就盛況空前。珊蒂邊擦汗，邊彎腰到桌下，從紙箱裡取出一疊手冊，好補充被拿光的宣傳手冊。

此時，攤位桌子上方傳來聲音：「午安。」

珊蒂抬起頭，看向聲音來源。

一位瘦高的黑人少年對著珊蒂微笑。

其實也有很多人即使不認識珊蒂，卻知道珊蒂與奧莉維亞所做的活動。

珊蒂側首不解地回以微笑。

「我認識妳喔。」

珊蒂覺得這個聲音很耳熟，但毫無頭緒。

「我們很熟喔。」

少年重複同樣的話。

彷彿慢慢解開謎題的開玩笑語調，讓珊蒂目不轉睛地看著少年。

穿著燙得筆挺的襯衫，讓少年顯得爽朗。

「牠不是奧莉維亞吧。奧莉維亞呢？奧莉維亞怎麼了？」

少年的話讓珊蒂不禁大叫。

「里斯。」

他的身上已經完全沒有哭濕衣袖的七歲小男孩影子。

三年半不見，里斯已經變成身材瘦高的少年，讓人完全認不出來。

「里斯！你是里斯喔？」

聽到珊蒂的話，里斯害羞地點點頭。

「里斯！你變好多，變成大男孩了，我都認不出來了呢！你搬回來了嗎？」

「嗯，前幾天回來的。」

「原來如此。」

「奧莉維亞呢？奧莉維亞怎麼了？牠還好好的嗎？」

里斯還不知道奧莉維亞已經死了。

「在你搬家後沒多久，奧莉維亞就生病死了。」

里斯驚訝地看著珊蒂好一會兒。

「里斯，你好不好？」

「嗯。」

「媽媽呢？好不好？」

「嗯。」

「今天你一個人來嗎？」

「嗯，我想見奧莉維亞。我想著來到這裡就可以見到奧莉維亞，還帶了書來。」

里斯從包包裡拿出一本章節故事讀本，遞給珊蒂。

「你現在還看書呢。」

「嗯。」

「你現在已經看這麼難的書了啊。」

「嗯。」

「你現在幾歲了？」

「十一歲。」

「你會一直住在鹽湖城嗎？」

聽到這句話，里斯輕輕地搖頭。

「大概沒多久又要搬家了吧。」

「妳是珊蒂．馬丁小姐嗎？我是雜誌記者，有幾個問題想請教一下……」

就在里斯以氣若游絲的聲音回答時，旁邊的一位媒體記者說要訪問珊蒂。

那位記者突然來到珊蒂面前，擋住她的視線。

「我想要訪問你一下，不知道你有沒有時間……」

「請你稍等一下好嗎？我們正在講很重要的事。」

她向其中一位記者說，然後轉頭看向里斯。

里斯在不遠處，面帶笑容地對珊蒂揮手，然後走出書展會場。

「里斯！等一下！」

珊蒂的聲音被人群淹沒，傳不到里斯那裡。

「馬丁小姐，我們可以採訪你一下嗎？」

珊蒂放棄去追里斯，只能接受記者的採訪。

不過，她的腦中一團混亂。

珊蒂心不在焉地回答記者的問題後，再次環視會場尋找里斯的身影。

剛剛看到的少年，真的是里斯嗎？

還是她在作夢？

里斯還帶了章節故事讀本。

搬家之後，連他住在哪裡都沒問。連他現在怎麼樣、之後要去哪裡都沒問。

珊蒂等著里斯會再度回來找她。

不過，里斯沒再出現。

在書展結束的會場裡，珊蒂開始動手收拾。

薩爾達似乎累了，躺在一旁。

珊蒂將剩下的手冊放進箱子裡。

「嘿。」

此時，從攤位的桌子上方傳來聲音。

珊蒂很著急地抬起頭。

蘭斯站在她眼前。

薩爾達看到蘭斯，非常開心地搖著尾巴。

「蘭斯！你到底在幹嘛！發生大事了！」

「不好意思，我突然有點急事，所以現在才來。」

蘭斯撫摸著薩爾達，一臉歉意地道歉。

「你一定想不到。」

「珊蒂，發生什麼事了？」

「里斯、里斯來了，來這裡！」

「妳說什麼？」

「真的！」

「妳不要騙我喔，珊蒂。那，里斯現在在哪裡？」

「這個嘛……我還沒問到，他就不見了。」

「上次搬家之後，里斯去哪裡了？」

「那個我也沒問到。」

「他回到鹽湖城了？」

「這我也不清楚，不過，他說或許立刻又要搬走。真是抱歉，我什麼都沒問到。」

「可是，里斯為什麼會來這個書展？」

「他說他想要見奧莉維亞。」

「奧莉維亞？」

「是啊，不過我跟他說奧莉維亞已經死了。里斯露出非常傷心的表情。」

「里斯想見奧莉維亞，所以來這裡？」

「嗯，而且他還帶著章節故事讀本。」

「他還想要唸書給奧莉維亞聽啊。」

「我也真是的，為什麼沒問里斯任何事？或許再也見不到了！我也沒問他現在在哪裡做什麼、過得好不好，什麼都沒問。」

「這樣就夠了。」

什麼東西就夠了，珊蒂一臉不解地看著蘭斯。

「珊蒂，這樣就夠了。里斯帶著書，特地來這個書展，為了想見到奧莉維亞而來。奧莉維亞的魔法到現在仍然存在。」

會場裡的其他參展單位都整理好了，開始陸續將東西搬出去。

珊蒂茫然地看著他們說：「里斯，今天也是穿著熨燙得很整齊的襯衫來。」

珊蒂回想起里斯得意地遞出厚厚的章節故事讀本給她看的模樣。

書展會場裡幾乎沒什麼人了，薩爾達一副無聊地打哈欠。

窗外的秋天景色，就快要轉換成冬天的銀白世界了吧。

在一片寂靜中，腦中響起里斯的聲音。

「我認識妳喔。我們很熟。」

SALT LAKE CITY
PUBLIC LIBRARY
Presented in memory of
"OLIVIA"
Salt Lake City's
First R.E.A.D. Dog
By
The City Library

獻給鹽湖城中央圖書館的第一隻閱讀犬——奧莉維亞

在鹽湖城中央圖書館的藏書《狗狗天堂》蝴蝶頁上的藏書貼紙，有奧莉維亞的名字。

〈關於姓名和刊登的照片〉

除了艾比．威拉、查克里．特比之外，關於其他孩子，由於現在皆已無法取得連繫，無法取得本人與監護人同意，所以全都使用假名。

除此之外，因某些緣故，也有其他幾人使用假名。

另外，本書使用由（Intermountain Therapy Animals）提供的照片。

Intermountain Therapy Animals（ITA）

於一九九三年在美國猶他州成立。

以「人類與動物的牽絆」爲主旨，主要在醫療、福利機構、學校等進行動物輔助治療活動，爲非營利組織（NPO）。

Intermountain Therapy Animals / R.E.A.D

PO BOX 17201. Salt Lake City. UT 84117

網頁（英語）：www.therapyanimals.org

後記

本書是一個真實的故事，以學校和圖書館為舞台，描寫一個具有魔法般的活動，在孩子唸書給狗聽之後，因而獲得自信並且喜歡自己。

大家是否有這種經驗？一直被父母和老師逼著「要讀書」，而覺得很厭煩。不過，如果自己發覺「讀書真愉快」、「世界因此變得更寬廣」……等讀書的樂趣，又如何呢？這是很寶貴的「發現」。

而書中裡的奧莉維亞，就是協助孩子獲得這個「發現」。

現在我帶著我家的愛犬「未來」，到學校做「生命課」的教學。「未來」也與書中的奧莉維亞一樣，曾被人類丟棄，在動物收容所差一點被施以安樂死，是在死裡逃生的狗。

不過，不只是這樣，「未來」曾受到人類虐待、右眼被切掉，兩隻後腳也被切斷，現在仍是殘障狀態。

在眾多孩子面前，我會先跟大家說明「未來」待在動物收容所的事，之後再淡然地把牠被女士志工拯救後恢復健康的照片給大家看。

然後，在課程的最後，只有十分鐘的時間，讓「未來」上場。

此時，上這堂課的孩子都會有所發現。

原本應該被殺死的「未來」，活生生地出現在眼前。牠被切掉的右眼已經治好了。雖然後腳被切斷，牠卻在孩子眼前生氣蓬勃地跑來跑去。

牠摸起來既柔軟又溫暖……雖然被人類拋棄，但牠仍然相信人類，還開心地搖尾巴。

所謂的生命、所謂活著就是這麼一回事。無論多麼痛苦，仍繼續活著，一定會有所改變的。一定還會得到幸福的——

我在課程中不會說「生命很重要」……等這種話。

不過，狗狗「未來」卻能讓孩子們瞭解這些無法言傳的「大發現」。

本書裡的珊蒂和奧莉維亞，不也是這樣嗎？

奧莉維亞雖然什麼都沒說，但藉由孩子唸書給牠聽，孩子有了各種各樣的「發覺」，也「發現」了重要的東西。

愉悅、開心、感動、被認同的小小榮譽感，還有，自己的無限可能。

光是發現「沒有不可能的事」這一點，就能獲得許多寶物。

目前ITA在北美四十九州、加拿大三州約有兩千兩百組志工，在進行R·E·A·D活動。

現在，動物輔助教育很受到矚目。

但是，動物輔助活動不是只要有狗或動物在，就能成立。讀過本書的讀者肯定能瞭解，還必須有飼主和狗之間的信賴關係，以及彼此間的愛，才得以成功。

學校如果也能跨越各種不同的障礙後，在未來也引進R・E・A・D活動。我想如果有地方可以讓大家唸書給狗狗聽，那一定很棒。

在日本每年約有三十五萬隻的狗和貓被處死，成為人類社會的犧牲品。珊蒂的奧莉維亞，以及我家的「未來」，也都是這樣的命運。

生命有無限可能——

而且，我們人類和動物是平等的。

所以同樣身為人類，無論是珊蒂和我，以及所有的讀者，都希望每個人都不要是捨棄生命的那種人，而是守護生命、使其生命閃耀光輝的人類。

二〇〇九年九月

今西乃子

國家圖書館出版品預行編目資料

聽你唸書的狗狗／今西乃子著；濱田一男攝影；謝晴譯. －－ 初版. －－ 臺中市：晨星：2015.07
面；　公分. －－（蘋果文庫；67）

譯自：読書介助犬オリビア

ISBN 978-986-177-996-6（平裝）

019.1　　　　104004442

蘋果文庫 067

聽你唸書的狗狗

作者	今 西 乃 子
攝影	濱 田 一 男
譯者	謝 晴
主編	郭 玟 君
特約編輯	曾 怡 菁
校對	郭 芳 吟 、 曾 怡 菁
封面設計	言 忍 巾 貞 工 作 室
美術編輯	黃 寶 慧
負責人	陳銘民
發行所	晨星出版有限公司 台中市 407 工業區 30 路 1 號 TEL:(04)23595820　FAX:(04)23550581 E-mail:service@morningstar.com.tw http://www.morningstar.com.tw 行政院新聞局局版台業字第 2500 號
法律顧問	陳思成律師
承製	知己圖書股份有限公司　TEL：(04)23581803
初版	西元 2015 年 07 月 15 日
郵政劃撥	22326758（晨星出版有限公司）
讀者服務專線	04-23595819#230
印刷	上好印刷股份有限公司

定價 250 元
（缺頁或破損，請寄回更換）
ISBN 978-986-177-996-6
《DOKUSHO KAIJO-KEN ORIBIA》
© NORIKO IMANISHI 2009
All rights reserved.
Original Japanese edition publishing by KODANSHA LTD.
Complex Chinese publishing rights arranged with KODANSHA LTD.
through Future View Technology Ltd.
本書由日本講談社經由巴思里那有限公司授權晨星出版有限公司發行繁體字中文版，版權所有，未經日本講談社書面同意，不得以任何方式作全面或局部翻印、仿製或轉載。

版權所有・翻印必究

蘋果文庫 悄悄話回函

親愛的大小朋友：

感謝你購買晨星出版的蘋果文庫。歡迎你購書／閱讀完畢以後，寫下想對編輯部說的悄悄話（免貼郵資），如有心得／插圖佳作，將會刊登於專刊或 FACEBOOK 上。填妥個人資料，除了不定期會收到「晨星閱讀專刊」，我們將於每月抽出幸運讀者，贈送新書或獨家贈品。

★購買的書是：______________________________

★名字：____________________ ★生日：西元______年______月______日

★職業：□學生／就讀學校：____________ □老師／任教學校：____________

□服務 □製造 □資訊 □軍公教 □金融 □傳播 □其他____________

★如何擁有此書：□老師買的 □爸媽買的 □自己買的 □其他____________

★你希望晨星能出版那些兒童青少年書籍？（複選）

□奇幻冒險 □勵志故事 □幽默故事 □推理故事 □藝術人文

□中外經典名著 □自然科學與環境教育 □漫畫 □其他

★感想：

廣告回函
台灣中區郵政管理局
登記證第267號
免貼郵票

407　台中市工業區30路1號

晨星出版有限公司

TEL：（04）23595820　FAX：（04）23550581

e-mail：service@morningstar.com.tw

http://www.morningstar.com.tw

聽你唸書的狗狗

DOG DAY AFTERNOONS
reading experience at the City Library
Saturday afternoons from 1 to 3 p.m.

請延虛線摺下裝訂，謝謝！

寄件人姓名：________________

E-mail：________________________________

地址：______(郵遞區號)________市／縣________鄉／鎮／市／區

______________路／街____段____巷____弄____號____樓／室

電話：住宅（　）________________公司（　）________________

手機 ________________

R.E.A.D.